高校思政教育基础与实践

欧 玥 芦 林 李孜娟 著

山西出版传媒集团
山西经济出版社

图书在版编目（CIP）数据

高校思政教育基础与实践/欧玥,芦林,李孜娟著
.--太原:山西经济出版社,2023.12
ISBN 978-7-5577-1272-3

Ⅰ.①高… Ⅱ.①欧… ②芦… ③李… Ⅲ.①高等学校—思想政治教育—研究—中国 Ⅳ.①G641

中国国家版本馆CIP数据核字(2024)第027641号

高校思政教育基础与实践

著　　者：	欧　玥　芦　林　李孜娟
责任编辑：	李慧平
装帧设计：	郭　婷
出 版 者：	山西出版传媒集团·山西经济出版社
地　　址：	太原市建设南路 21 号
邮　　编：	030012

E－mail：	scb@sxjjcb.com（市场部）
	zbs@sxjjcb.com（总编室）
网　　址：	www.sxjjcb.com

经 销 者：	山西经济出版社有限责任公司
承 印 者：	山西新华印业有限公司
开　　本：	787mm×1092mm　1/16
印　　张：	11
字　　数：	257 千字
版　　次：	2024 年 5 月第 1 版
印　　次：	2024 年 5 月第 1 次印刷
书　　号：	ISBN 978-7-5577-1272-3
定　　价：	60.00 元

前言

近年来，高校思想政治教育工作取得了积极进展，大学生思想政治面貌也发生了可喜变化，但随着经济社会的快速发展，大学生成长环境不断变化，生活理念不断更新，传统的思想政治教育理念、制度和方法的弊端日益凸显。对此，需要理顺思想政治教育工作体制，拓宽教育途径，改进教育方法；提高队伍素质，使思想政治教育更具有实效性、科学性。如何通过思想政治教育把科学理论和崇高品德传递给广大学生，使其形成正确的世界观、人生观、价值观，是极为重要的。

高校思想政治教育工作是一门科学，更是一门艺术，它涉及管理学、教育学、心理学和行为科学等多个学科领域，不仅需要规范学生的日常文明行为，更需要分析学生的心理和行为特点，不断深入研究其内在规律，把握其基本原则，从而使其符合学生发展的需要，符合高校培养人才的需要。加强高校思想政治教育要注重宏观与微观、历史与现实、理论与实践的结合，高校思想政治理论课实行现代化教育教学，这是时代的呼唤。本书从现代化的视角建构了思想政治理论课教育理论体系，积极探索大学生思想政治教育工作的思路、内容、方法、经验。

本书是研究高校思政教育基础与实践的著作。本书首先对高校思政教育理论基础理论进行分析，其次，对于高校思政教育实践进行研究论述，力求全面科学。高校是为党和国家培育英才的场所，也是青年汇聚的地方，是思想最活跃、创新最集中、活力最无限的地方。做好高校思想政治工作是一项任务艰巨、使命光荣、责任重大的工作。本书适合从事高校思政教育基础与实践的研究人员阅读，也希望能够为广大对高校思政教育基础与实践感兴趣的读者带来有益的帮助。

本书在编写过程中，结合当今时代特点，力求全面详细，若有不足之处，敬请广大读者朋友积极予以批评指正。

目 录

第一章 高校思政教育基础理论 1
 第一节 高校思政教育的基本含义 1
 第二节 高校思想政治教育的平台构建 17
 第三节 高校思想政治教育的融合 31

第二章 高校思政课程教学理论 37
 第一节 高校思政课程的教学原则 37
 第二节 高校思政课程的教学内涵 48
 第三节 高校思政课程的教学方法 54

第三章 高校思政教育教师队伍建设 68
 第一节 高校思政教育教师队伍建设的意义 68
 第二节 高校思想政治教师队伍建设的强化 72
 第三节 思政教育中高校辅导员队伍的建设 79

第四章 高校思政教育协同育人机制 89
 第一节 高校思政教育协同育人机制的内涵 89
 第二节 高校思政教育协同育人机制的优势 95
 第三节 高校思政教育协同育人机制的类型 106

第五章 高校思政课实践教学 112
 第一节 高校思政课实践教学的模式 112
 第二节 高校思政课实践教学的组织 121

第六章　高校思政教育人文精神培养实践 130
　　第一节　高校思政教育中人文精神培养的途径 130
　　第二节　高校思政教育中人文精神培养的实践 142
第七章　新媒体环境下高校思政教育实践路径 152
　　第一节　新媒体与高校思政教育 152
　　第二节　新媒体环境下加强高校思政教育的对策 158
参考文献 166

第一章 高校思政教育基础理论

第一节 高校思政教育的基本含义

一、高校思想政治教育的内涵

高校思想政治教育，力求将大学生培养成符合我国社会要求，将具有中国特色社会主义事业的课程，有目的、有组织、有计划地向高校学生输出教育培训。通过政治素质、思想、品德、心理素质等方面的教育，将当代大学生培养成未来社会发展需要的接班人，思想政治教育活动的主要阵地就是高校，目前我国仍然需要借助于思想政治教育的方式让大学生了解马克思主义中国化成果，让学生们了解伟大复兴中国梦，并将四个自信转化为努力工作和学习的实际行动。坚持马克思主义指导思想，是高校思想政治教育需要遵循的指导思想，我国高校开展的思想政治教育必须体现出中国思想教育的特色，必须体现出中国特色社会主义价值观念。

我国高校开展的思想政治教育属于实践层面的活动，在实践教育活动中，大学生既是实践活动的主体，也是实践活动的客体，也就是说，大学生具有双重身份。大学生思想政治教育使用的主要途径就是思想政治教育课程，致力于让大学生成为未来社会发展所需要的人才。在教育的思想上将马克思主义放在主导地位，根据现有的中国特色社会主义理论成果，让学生在全面发展的同时，强化自己的社会主义理想和人生观、世界观、价值观的建设。让学生通过思想政治课成为一个具有社会责任感的大学生，加强思想道德，对于社会来说也具有十分重要的政治意义。

二、高校思想政治教育的理念

在社会快速发展的过程中，人们的价值观念、生活观念都在一定程度上发生了变化，当下我们处于全新的发展时代，处于这个时代当中的我们也需要让思想政治教育显现出时代特点，这样思想教育才能培养出符合时代发展需要的社会主义接班人。这就需要我们不断更新传统的思想政治教育理念，以适应社会发展的需要。我国的思想政治方面的研究专家、教育学者应该思考如何让目前的思想政治教育理念和社会发展需要、时代发展需要相吻合。

学校的思想政治教育理念是教育主体在思想政治教育教学过程中形成的一种教育指向性观念，是对学生的社会实践活动的理性认识。思想政治教育理念在先进理论的指导及影响之下，可以客观地对现实问题进行深入分析，所以，思想政治教育理念不断地在实践活动中持续发展、持续创新。

（一）开放式的教育理念

开放式教育是交往互动的教育。思想政治教育的开放性主要体现在：在教学过程中，教师与学生之间，特别是学生与学生之间相互交流、相互理解，从而使学生在相互交流中实现自身的发展进步。开放式教育强调培养学生的人际交往能力，强调让学生掌握正确的社会交往技巧，让学生从理性角度对交往方式及交往对象进行判断，这有助于学生通过交往进行人格的完善。

开放式教育的本质是学生的自我教育，高校在开展思想政治教育的时候要培养学生的自我教育意识，在提升学生自我管理能力的时候也要把思想政治的教育目标转化为学生主动追求的目标，从而实现学生自我教育的目的。

（二）德育为先的教育理念

德育为先是思想政治教育中的一个教育理念及教育原则，在培养人才的时候需要遵循德育为先的基本方略，德育和其他教育不同，德育可以引领其他教育的发展，德育注重对学生的思想政治观念进行教育，它强调让学生形成思想道德培养方面的认知和意识，它强调改变学生的行为。德育为先具有以下三个方面的含义：一是德育为先是一种教育理念和育人的要求；二是德育为先所表达的并非简单的教育序列问题，而是对教育的要害与本真的界定；三是德育为先是多层面的为先、深层次的为先。

三、高校思想政治教育的特征

（一）高校思想政治教育环境的特征

第一，思想政治教育环境具有多元化特征。在我国和世界以及国际社会逐渐接轨的情况下，我国的经济发展、文化发展、政治发展都出现了一定的变化，也进行了一定的创新，在不断地交流的过程中，思想越来越多元化，文化越来越多元化，所以，从整体来看，文化环境是相对复杂的，处于这样的时代背景下，学生也会受到各种各样思想的影响。在这样的环境下，思想政治教育所面临的环境也必然更加多元、更加复杂。总的来看，思想政治教育的发展受到了传统文化、西方文化以及现代文化等多种文化的影响。

第二，思想政治教育环境的国际化。由于世界各国的教育交流与合作日益频繁，思想政治教育也受国际环境的影响和制约。尽管各国思想教育的内容不同，但是归根结底都是对本国文化的认同和民族精神的弘扬，每个国家的思想教育都致力于让个体明确自身的个人职责、社会职责、家庭职责，致力于让个体遵循社会大众所认可的道德规范，每个国家都会借助思想教育的方式实现个体从自然人到社会人的身份转变，不同国家因为社会发展差异、环境差异、历史差异，所以，使用的思想政治教育方法也存在差异。西方国家更加注重实践教育，教育以学校为主，与此同时会强调社会和家庭的参与。相比之下，东方国家更强调个人修养方面的道德教育，东方国家注重思想教育的客观性，与此同时，还会不断地吸收和借鉴其他文化中的优秀成果。

（二）高校思想政治教育对象的特征

1. 人格的独立性特征

人存在于社会中，会追求物质和精神世界的和谐统一，从哲学的角度对这种统一进行理解指的就是人追求生活方式的和谐。在社会快速发展的情况下，人的生活方式受到经济的影响，也出现了变化，个体越来越强调自身的独立发展，人和人之间没有那么强的依赖性、关联性，人也开始有了更多方面的物质需要，市场经济对个人和企业都产生了影响。在它的影响下，个人和企业越来越独立，个体也越来越注重彼此之间的平等，可以说在经济快速发展的同时，个体的主体特性也得到了有效凸显。所以，当今的大学生都有较强的主体意识，他们开始关注自身的独立成长、独立发展。他们利用假期或课余时间做兼职，逐步实现经济的自主化。他们的视野更加开阔，法律意识更强，且个性张扬，追求前卫。

2. 网络的依赖性特征

网络是把双刃剑，如果过度依赖，则势必会对学生产生很多不利影响，这就对大学生的思想政治教育提出了新的要求和挑战。随着网络对日常生活的渗透，现实生活逐渐趋于虚拟化。在虚拟化的网络空间当中，学生可以更大程度地展现自己的个性，所以要求人们要传播积极健康的内容，使网络变成社会主义文化传播的新阵地，为学生营造良好的发展空间。

四、高校思想政治教育的价值

在时代不断发展和变化的情况下，思想政治教育的研究也必须跟上，只有跟随时代需要，思想政治教育学科才能实现更好发展。思想政治教育在跟随时代发展过程中，需要研究自身的发展定位，分析自身对时代发展的意义。

(一)高校思想政治教育价值的认知

价值的意思为值得的,是指一件事物的价值,并主要指经济价值。价值是人的需求与满足这种需求所需要的客体属性达成的交接点。主体与客体是肯定关系。主体和客体决定了价值,同时价值还会因为主体的能动性,相应地改变客体的历史性。马克思主义哲学认为,价值所具有的客观源泉和基础都是价值客观性的表现,同时,价值也是将主体性和客观性及历史实践等统一的内核。

1.思想政治教育价值的概念界定

价值在思想政治教育方面体现出教育的有用性,讨论思想政治价值含义的前提,必须是将思想政治教育当中的主客体,通过正确的价值观联系起来,从而正确地构建它们的关系。

社会由人组成,人是社会的主体,也是思想政治教育的主体。人们在社会中不可能脱离集体而存在。因为人是社会组成的一部分,与社会相一致;同时,人与社会之间的关系是相互成就和构成的。人既能够创造出社会环境,而社会环境也能够塑造一个人的人格。人与社会的物质条件,对社会发展会产生直接影响,对人和社会之间的关系也会产生影响,它直接决定人在群体当中以及人在社会当中的价值和意义,社会当中的人是思想政治教育的主体,也就是说,群体与个体以及全球的人类,与思想政治教育构成主体和客体的紧密关系。

主体和客体是一个相对的概念。主体的认识以及实践都是通过客体展现出来的。在思想政治教育中,主体的主要对象就是客体,主体与客体之间能够直接发生一些特定的关系,而且主体和客体可以在思想政治教育实践活动当中建立密切关联,主体之所以存在,主要是因为产生了价值关系,思想政治教育在确定主体地位时,可以从三个方面定义主体的地位:首先,通过物质或精神的分类来划分对象。物质主要表现在教育环境、条件等方面。精神主要表现在教育的目标、内容以及原则等。其次,通过性质可以将教育的主体分为个人和社会的。最后,通过来源可以将主体分为本身的主观世界以及之外的客观实践。主体本身是能动的,是通过不断的认知和评价进行自我教育的,因此,主体也可以包含在客体之内。就是说主体在一定条件下,可以转化为思想政治教育的客体。

思想政治教育当中主体产生的发展需要无法利用思想政治教育本身具有的价值来满足,主体需要的满足需要借助于主体和客体之间的相互作用,利用相互作用,可以让思想政治教育充分展现自身的价值,以相互作用为纽带可以将它们连接起来。思想政治教育的价值通过主体和客体之间的互动逐渐形成,思想政治教育不但能够将主客体的关系相互连接、统一,同时也能够把人的主体地位和思想政治教育逐渐向人趋近的方向连接。

通过这种实践，让主体逐渐形成对于能量交换、信息交换、物质交换等层面的认知，并逐渐满足主体需求，从而实现二者关系的有机统一。

2.思想政治教育价值的基本特征

在分析及界定思想政治教育的价值之后，可以发现思想政治教育价值主要有以下特征：

（1）阶级性与社会性

思想政治教育作为上层建筑的重要组成部分，是阶级和阶级意识的产物，具有鲜明的阶级性。在阶级社会，价值主体需要通过思想政治教育来传递自己的意识形态、政治意图和道德规范，培养社会需要的建设者和接班人，维护统治阶级的根本利益。思想政治教育是采取一定的方法，将一定阶级的政治思想，通过宣传和灌输来影响学生，通过自己的意识形态来改变人们的思想，反映阶级需要，为一定阶级提供服务。中国共产党从来不可避其具有的阶级性，以人民群众的利益为最根本的服务目标，满足人民最根本的利益需求。

一切社会关系的总和构成了人的本质。而思想政治教育具有社会性，能够展现出一定的社会关系价值。因此，一方面，思想政治教育能够通过满足社会需要提供自身价值，通过具有的功能，让个体与社会都能够通过正确的思想政治教育，引导具有一定的政治方向。同时，也能够约束受教育者的行为，让其拥有全面发展的能力，健全的人格与精神思想能够让其成为符合社会需要的合格人才。另一方面，有一些教育活动可以利用思想政治教育的方式让不同阶级的个体需求得到更好的满足，阶级不同的时候，人的意识形态就会存在差异，借助于思想政治教育的方式，人可以完成阶级跨越，也就是说思想政治教育可以让人们产生共性的思想理念。在一定条件下，思想政治教育的价值，是需要通过不断完善、发展政治教育，来吸收和借鉴曾经的历史经验，从而总结出更符合国家发展的教育方法。

（2）直接性与间接性

思想政治教育价值的直接性，指的是思想政治教育能够影响受教育者从思想根基上发生一系列改变，思想政治教育能够通过这种观点的输出，直接将一些观念和规范传授给受教育对象，而且它还可以借助于活动的组织和计划让受教育者的思想水平有一定的提升，政治教育也能够让人们的思想产生变化，通过间接影响来改变受教育者的行为。因为思想政治教育是一个复杂的转换过程，从认知理论到执行，通过将学习到的思想转化成行动的复杂步骤。通过正确的思想转化，人们就可以用正确的行为将行动转化成精神财富和物质财富，从而推动社会发展。

（3）短期性与长期性

思想政治教育的活动，具有针对性和现实性的教育意义，比如在实践活动中，受教育者能够通过教育内容，触动自己的心灵，从而激发自己思想的变化，逐渐将意识转化为行动，进而成为对社会发展有促进作用的个体。思想政治活动，可以通过这种短期活动对主体产生良好的教育效果，同时，除了短期活动的教育效果外，受教育者需要长期坚持，来不断地将学习到的内容逐渐内化与外化，转换成自己长久的行为习惯。

思想政治教育效果具有的长期性，指的是受教育者在接受过思想政治教育之后，思想政治教育内容会对其发展产生深远影响，思想政治教育通过让受教育对象从思想、情感、能力、品质、意志和认识等方面综合提升，让思想政治教育逐渐向满足社会发展需求的方向转变，通过社会整体的需求，向个人的精神世界转变就是内化的过程。而外化是指通过让教育对象受到思想政治教育，转化成一系列的行为和实践，并养成习惯，也就是让存在于思想中的政治品质变成个体的行为，利用"两次飞跃"，社会所提出的外在发展需求就会变成受教育者所拥有的思想政治素质，借助于教育，社会可以对个体发展产生持续影响。总的来看，思想政治教育需要利用价值的短期性特点作为基础，对人产生持续影响，让人的发展符合社会的发展需要。

（4）潜在性与显在性

在存在方式上，思想政治教育的价值能够从在显性和潜在性两方面体现。思想政治教育本身是一个潜移默化的过程，通过长久的受教育来让自己的思想发生改变，从而影响自己的实践行动。这种潜移默化能够从开始的隐性教育到最后通过自己的行为习惯展现出来，成为显性行动。这就是思想政治教育的价值存在的潜在性与显在性。

人们正因为这种思想政治教育，通过掌握教育的内容来形成科学的正确的思想价值观念，在观念的引导下，人会做出符合观念内容的实际行动，在正确思想的引导下，人会借助于自身行动获取精神和物质方面的财富，这体现的是思想政治教育具有的外在方面的价值。也就是说，思想政治教育可以引导学生的精神发展、精神成长。通过不断地潜移默化的影响，最后影响到行为习惯，将思想政治教育完全外化展现出来，成为对社会有用的人。

3. 思想政治教育价值的不同形态

可以把思想政治教育的价值类型看作是价值形态，在参考标准不同的情况下，思想政治教育体现出的价值形态也是不同的。

（1）理想价值和现实价值

从价值实现角度对价值形态进行分类可以将思想政治的教育价值划分成现实价值形

态以及理想价值形态两种。

思想政治教育具有的理想价值指的是在未来可能会实现的价值，理想价值比现实价值高，理想价值的特点是导向性明显、超前性明显。我国思想政治教育的理想价值是全国人民为实现中华民族伟大复兴的中国梦而奋斗的同时，实现综合发展。思想政治教育能够从目前已经实现的和正在实现过程中的价值，转化成让人们能够感受到教育的有用性，从而实现思想政治教育的现实价值。

思想政治教育具有的理论价值以及现实价值，需要人们正确地处理平衡二者的关系。受教育者需要通过日常教育，让思想政治教育理论学习为他们解决现实问题提供帮助；与此同时，理想价值也需要成为思想政治教育的教育目标，这样理想价值才能够引导受教育者，让他们构建出科学的正确的人生价值观念。理论价值和现实价值之间的融合可以让思想政治教育获得最大程度的教育价值。

（2）直接价值与间接价值

价值的实现可以将价值效果划分成直接价值和间接价值两个方面。

直接价值是通过思想政治教育活动，直接影响、满足社会和自身的发展需求，通过将正确的思想品德内容传递给受教育者，让他们的精神状态发生积极改变。对于受教育者，提升综合素质、激发综合潜力，调动劳动者的积极性和创造性，能够体现出思想政治教育的直接价值。而间接价值是受教育者不能单纯从思想政治教育中直接满足社会和自身发展的需求，而是需要通过学习思想政治教育的理论知识，将自己的精神动力逐渐内化，并使其转化为自己的物质财富，以对社会的发展有促进作用。

思想政治教育具有的直接价值和间接价值之间存在辩证统一的关系，在二者的关系当中，直接价值是基础部分，直接价值发挥作用之后产生的一系列综合反应就是间接价值。直接与间接价值之间的关系密切又复杂，需要通过思想政治教育将两者有机结合。作为教育者，不能认为思想政治教育和物质形态生产力之间没有直接关联就否认思想政治教育在物质生产方面的间接价值，同样的道理，也不能因为物质生产决定社会发展就否认思想政治教育具有的直接价值，如果直接价值被否定，那么思想政治教育本身的存在也会受到质疑。

（3）正面价值与负面价值

根据思想政治教育价值在性质方面的差异，可以将价值分成正面价值以及负面价值两种。

正面价值指的是思想政治教育活动可以在精神层面满足人民群众提出的发展需要，我国的思想政治教育以马克思主义理论体系作为指导思想，依照党和国家的奋斗目标，在积极满足人民群众发展需要的基础上,有目的、有计划地实施,在这个过程中产生了正面价值。而负面价值相反,它能阻碍社会和人类的发展进程。

负面价值主要包括两个方面:一是零价值或无价值,当思想政治教育活动不能实现既定目标和教育目的时,人的思想政治素质没有任何提高;二是负面价值,指的是思想政治教育活动阻碍了社会的进步和教育目标的实现,甚至破坏了原有的教育成果,对个人乃至社会的发展起到了消极或有害的作用。

(4) 目的性价值与工具性价值

思想政治教育从结构或目的来看,可以总结出具有工具性价值和目的性价值。

工具性价值作为目的性价值的前提,是一种巩固阶级统治的工具。通过将传播意识形态作为主要手段,把工具性价值放在思想政治价值教育的首要地位可以体现出思想政治教育本身的内核。工具性价值的存在可以让目的性价值的实施得到有效保证,与此同时,目的性价值最终的目标就是让工具性的价值得到有效实施。

目的性价值是通过正确引导,让受教育者在发挥自己主观能动性和创造性的同时,主动认识到自身发展需求,最终成为全面综合发展的社会公民。思想政治教育从阶级性和实践性出发,通过将受教育者的意识形态,达到与社会发展相结合的教育观,来达成社会管理和阶级统治的需要。目的性价值,就是将个体作为主要的主体,通过思想政治教育来满足个体精神层面的需求,通过提升思想政治素养来达成对于人类精神世界的构建。

工具性价值和目的性价值,这两者之间相互都有着支配和制约的作用。这两者能够在思想政治教育的实践当中进行有机的统一,这三者不可分割。思想政治教育不仅要为社会培养合格的社会主义建设者和接班人,而且还要为受教育者实现成才成k的个人目标服务。

(5) 显性价值与隐性价值

思想政治教育,按照价值的表现可以分为隐性价值和显性价值。

显性价值的价值依据是思想政治教育使用的外界语言,除此之外,也可以通过价值评估去判断思想政治教育的显性价值,借助于思想政治教育,受教育者可以更好地适应社会,有更高的素质,可以更好地改造自然。思想政治教育实施后,受教育者可以创造更多的精神及物质方面的财富。

思想政治教育没有通过一些活动展现出来,而是通过隐性价值展现出来,这就是思想政治教育的隐性价值。素质的提升是一个从知识掌握到行动的复杂过程,教育也许改变了人们的思想观念但并不能及时地通过外在行动展现出来。但是这种思想政治教育的价值是属于隐性状态的，人们不可以通过显性的价值来评判教育的价值。

思想政治教育的显性价值和隐性价值具有统一性，显性价值一般会滞后于隐性价值。根据教育的客观规律，受教育者良好素质的养成并不是一蹴而就的，素质形成需要经历漫长的过程，所以，接受思想政治教育一定时间之后才会看到教育的显性效果。

（二）高校思想政治教育的社会价值

社会价值是思想政治教育，通过传授教育内容，逐渐将社会文化、政治及经济建设来通过教育而积极地构建起来，从而让思想政治教育获得客观存在的社会价值。这与一些社会的文化、经济和生态的现象具有一致性。教育发生了作用，呈现出对社会方方面面的价值，因此，这也是思想政治教育具有社会价值的形态体现。

1. 经济价值

思想政治教育的经济价值指的是它能够推动社会的经济发展，实现经济增长。从而满足人类的需求的效应。人类的需求可以分为精神需求和物质需求，这些都是能够通过思想政治教育的经济价值来满足的，将经济建设设为思想政治教育的中心，要通过正确的理论指导，来保证社会主义的发展方向，并为经济建设提供动力。

（1）思想政治教育可以确保社会经济的发展方向

社会主义制度下的市场经济，是通过市场的机制和社会主义制度有机结合起来而形成的。资源配置需要依托于市场进行，思想政治教育可以对市场机制的形成进行约束，保证市场符合社会主义的发展需要。市场经济向社会主义方向发展对市场经济的本身构成有重要意义。社会主义方向一是通过市场经济的构成得到保障的，这也是控制社会主义市场经济发展的根本依据；二是人们对社会主义市场经济的构成有一致的理解与认识，在相同的内在结构当中，人民由于共同的认识而达成自觉地坚持社会主义市场经济的发展方向，而这离不开人们对思想政治教育方面的学习，只有充分保证这个优势，才能够对现行的社会经济体制做出正确的引导和宣传，让人们认识到经济制度在目前社会具有必然性和合理性，通过规范经济行为，人们的经济意识也会变得更加规范，在对人们进行正确的市场竞争教育、效率观念教育之后，经济建设将会得到有效推动。

（2）思想政治教育能推动社会的发展，能够成为社会发展的内在精神动力

作为社会的生产主体，人是生产的主力，人类通过生产力的发展，来征服自然和改造自然，这也是生产力发展至今的最主要动力。当代中国要将发展作为我国的第一要务，通过保证科学技术的发展，来为我国的生产力提供持续发展的动力，提升科技进步和劳动者素质是我国当今社会生产力增长的最关键因素，这些根本因素也让经济的增长方式发生了改变，人才已经成为我国生产力发展上最重要的战略资源，也是我国生产力发展

和进步的开拓者。这说明人才是促进生产力的重要因素,只有让人全面发展,成为先进的劳动者,才能够进一步发展和提升社会生产力。

劳动者的全面发展,首先要具备两个基本的素质:一是需要具备先进的劳动能力以及对于科学文化的基本素养,二是需要有积极的社会责任感和事业心,能够通过崇高的精神和积极的劳动来为社会生产提供动力。科学素养和劳动力是能够直接展现在劳动者身上的因素,劳动者本身具有的道德和思想政治素质,能通过直接和间接的作用反映到生产力上。这种直接和间接的作用,不但能够展现出人类的智力条件,也能够展现出一些精神层面的非智力条件因素,其中,非智力因素通过反映劳动者素质,成为提高劳动者精神动力的重要条件,也深刻地影响生产力发展的方向。

思想政治教育也能直接影响人们的道德素质和政治素质的发展。思想政治教育能通过教育内容,激发劳动者本身的创造性和积极性,为生产力的发展提供不竭的动力;思想政治教育也改变了原来的生产关系,通过发展生产力,让生产关系更适应现代社会的发展需要。需要正确对待这种改革,因为改革当中一定会出现一定的困难和风险,但是中国特色社会主义道路能够为改革进程中的开拓者提供信心和动力,让人们充分投入到改革运动中,发展和解放生产力。

(3)思想政治教育可以为经济发展提供环境

国家的经济增长是一个国家能够为人民提供经济商品的能力保障。而这个能力是通过技术的进步和意识形态的完善实现增长的。经济发展在任何社会中,都需要有思想意识的支撑。人们的生活生产方式,随着全球经济的变化都产生着相应的变化,这反过来也会影响人们的思想观念和价值观念,各种新的思潮涌现能够深刻影响我国意识形态的变化,在这种情况下,一定要严查意识形态的宣传教育,不能让全球经济快速发展的新思潮打乱了意识形态教育,而影响我国社会主义现代化建设的事业发展。意识形态为统治阶级服务,而意识形态的教育也是思想政治教育中最主要的环节。

只有社会的稳定与和谐才能够促进社会环境长足发展,而思想政治教育能够通过对意识形态的教育,来为人们创造良好的社会舆论氛围和精神氛围,通过社会良好风气的养成来促进市场经济健康发展。思想政治教育能让受教育者辩证和全面地看待经济问题,并通过客观科学的分析,让人们从狭隘的经济增长框架中拓宽视野,通过树立自己的科学发展观念,让经济和社会的进步具有可持续性和科学性,在思想政治教育的教学内容中,总结出方法论和指导思想,从而形成对经济进步方面的正确认识,并逐渐形成良好的社会心理环境和道德环境。

2. 文化价值

思想政治教育在某种程度上能够满足人民的文化需求，同时促进文化发展，这就是思想政治教育在文化方面的价值。在社会意识形态的组成要素中，思想政治教育不可或缺，它本身就是需要付诸实践的文化活动，可以有效促进我国社会主义文化的发展，增强国家软实力，建设文化强国。思想政治教育的文化价值主要体现在以下方面：促进文化传播、文化选择、文化创造和文化渗透。

（1）促进文化传播

人们的政治观点或思想观念等具有文化特征的文化观点，从一个群体当中传播到另一个群体中，这种传播过程称为文化传播。思想政治教育，通过广泛传播社会主流的文化教育，来让公民具有社会化的思想道德意识。

在思想政治教育当中，教育者需要将思想观念、政治观念、道德观念传递给受教育者，上述提到的思想政治以及道德方面的观念都属于文化领域当中的观念，也就是说，思想政治教育方面的活动属于文化传播活动。思想政治教育不但是一种教育方式，同时也是一个过程。思想政治教育，从主导意识形态和传授思想政治相关信息方面，让学生们接受主导社会文化发展的价值观，并养成符合社会发展需要的行为习惯；同时也能够通过思想政治教育的学习和实践活动来获得相关知识，这样受教育者就会形成和社会主要观念一致的信仰、态度、政治观点，也会做出符合社会主流观念的行为，上面提到的两个活动是彼此联系的，它们的关系是辩证统一的关系。

（2）文化选择

思想政治教育在文化选择方面的价值主要有两个方面，分别是正面的选择和反面的排斥：正面的选择主要是吸收积极的文化，筛选与思想政治教育价值观相同的内容，将这些先进思想纳入教育中，丰富思想政治教育等组成部分，并在后期发展中继续继承、不断弘扬；反面的排斥主要是排斥与思想政治教育导向不符的内容，对有害的劣质文化加以抵制，从反面推动思想政治教育发展。

文化包括主流文化和非主流文化，通过丰富的内容和表现形式，能够为人类社会的发展提供最宝贵的历史精神财富积累，但文化也有糟粕。无论是物质方面的文化还是制度和观念方面的文化，不论何种形态文化，只要与思想政治教育的最终目标与内容一致，思想政治教育都应该积极选择和吸收，促进积极文化发展，使它们拥有更广阔的发展空间。反之，如果是消极的文化或与思想政治教育的目标和内容背道而驰，那么就应该坚决抵制或对其进行批判，使之无法进入教育体系，以确保思想政治教育的纯洁性和先进性。我国社会主义文化的繁荣和发展，离不开思想政治教育的推动。要把我国建设成为文化强国，思想政治教育应该不断取长补短，筛选各种文化，吸收有利内容。对中华民族的传统文化，需要有批判地继承。对于一些西方文化，应该具有批判性的创造和转化与理性的借鉴。通过各种文化现象和因素，通过科学的鉴别、分析和筛选，加以文化的继承和利用。

(3) 文化创造

一个国家、一个民族的发展需要依赖于文化作为其发展的灵魂，文化可以让一个民族具有更强的凝聚力，可以为人民提供精神家园。全球化发展表面上是不同的国家进行经济方面的竞争，本质上是不同国家进行文化方面的竞争。

思想政治教育在培养创新型人才方面起到了很大作用，也促进了广大人民群众积极投身物质和文化生产建设中，推动精神文明建设，此外，还可以丰富理论知识内容。思想政治教育的教育者在传播思想政治观念、价值观过程中，会结合当前社会实际情况及自身的教学经验吸收优秀文化，自觉抵制腐朽落后的文化，向受教育者传播最新的思想和理念，确保符合社会主义核心价值观的要求，同时，也完善了原有的文化体系。思想政治教育在教育学科中具有特殊性，因为能够影响人类的生活方式和价值观念，通过改善人们的知识结构来影响人们在活动和生活当中的行为习惯，对更新人类文化结构也起到了一定创造作用。

(4) 文化渗透

意识形态决定了思想政治教育需要通过统治阶级的意识形态，控制思想政治教育相关的社会文化意识。通过宣扬符合阶级目标的道德要求和文化价值观念，逐渐让符合要求的思想政治教育渗透到相关的教育过程当中，通过思想政治教育来弘扬社会主流文化，使之在社会亚文化中发挥更大作用，而要使主流文化渗透和影响各种社会亚文化，最重要的一种方式就是思想政治教育。思想政治教育传播主流文化，体现当前。时代发展的特点，以人民为中心并具有中国特色，在指导思想上，以马克思主义为指导，融入了中华优秀传统文化，借鉴、吸收世界优秀文化，具有包容性和多样性。在主流文化外还有各种亚文化。这些主流之外的文化，不仅在方方面面影响着社会文化的总体发展，也影响到社会的发展。思想政治教育不仅包括主流文化，还要从各种亚文化中吸收优秀内容，抵制落后思想，使主流文化能够更好发展。

文化渗透功能可以将思想政治教育和主流文化发展渗透到亚文化中，亚文化在社会文化发展当中也十分重要，将主流文化渗透到亚文化之中，能够创造更良好的社会文化环境，引导正确的文化发展方向，将冲突减弱，并通过文化的融合与吸收，让文化成为思想政治教育的载体，通过社会文化的融合，形成更加健康的社会文化环境。

3. 生态价值

让全民形成环保意识和节约意识，对生态环境也有正确的保护意识，形成良好的合理的消费观念，共同营造良好的社会风气。让人们在良好的生活环境下为生态做出自己的贡献。

思想政治教育在引领生态思潮促进生态文化创新方面也是重要推动力。工业化发展让人们对自身所处的环境和不断恶化的生态有了更清晰的认识，人类面临着前所未有的生存危机。在此过程中也形成了生态哲学、生态社会学、生态政治学等多种生态思潮。生态思潮主要从思想上重新审视人类文化，批判一部分落后的思想文化，来探究生态危机产生的根源，也就是社会文化和价值观方面的问题。思想政治教育需要以马克思主义为指导，从这个角度出发，帮助人们形成正确的生态观，引领生态思潮的发展，探讨生态思潮产生的原因，从本质上揭示，让人们在评价和选择方面有更明确的方向。

整个社会的人类都追求人和自然、人和社会之间的协调、持续、和谐发展，这是整个人类社会的发展目标。中国先进文化中，社会主义生态文化是关键的一部分，马克思主义是指导思想，最终目标是要实现人、自然和社会的协调发展，这既是人类历史发展势不可挡的趋势，也是先进文化的要求。思想政治教育立足于当下，紧跟时代发展步伐，在生态文化建设方面，始终坚持创新，遵循生态文明建设原则。这样做的目的是让受教育者明白生态文明建设的价值，认识到自然界不仅可以为人类提供物质所需，还可以满足人们在科学、审美、文化方面的需求，具有极大的精神价值。一定要充分发挥思想政治教育在文化创新方面的作用，以科学发展观为指导，从古今中外的生态文化思想中吸取合理的部分，人民群众在生态文明建设过程中的经验也值得借鉴，可以总结和提炼，使生态文化朝着创新方向发展，在未来发挥更积极的作用。

（三）高校思想政治教育的集体价值

当有相同目标的个体相遇之后，他们就会形成集体，集体当中的个体成员会彼此影响，也会共同为了目标的实现而奋斗。有一些思想政治教育价值需要借助于集体的方式去实现，思想政治教育方面的实践活动可以让某一个群体的发展需要得到更好的满足，思想政治教育的作用及它本身的属性可以在一定程度上对集体发展产生正向影响，推动集体更好地发展。

1. 有助于增强集体凝聚力

中国共产党一直就有进行思想政治教育的传统，思想政治教育可以团结和凝聚广大人民群众的力量，在长期的革命实践中已经得到了验证。思想政治教育可以使人们团结一致，使之形成强大的动力，推动集体发展，凝聚众人的力量。

（1）强化集体认知

思想政治教育通过让个体认识到自身与社会的连接，来实现个人价值；同时，个人通过培养思想政治教育，逐渐形成了集体的认同价值观和行为准则，通过准则约束集体成员的行为；并通过制定集体共同的合理科学，来确立共同目标的发展规划。

（2）深化集体情感

借助于思想政治教育，个体会形成对集体的更强烈的认同感、荣誉感，更容易形成集体心理。也就是说，在思想政治的教育下，个体更渴望参与集体活动，个体会把自身的发展利益和集体的发展利益联系在一起，会形成与集体共进退的发展意识。

（3）坚定集体信念

思想政治教育通过引导人们的思想意识来影响集体成员的行为习惯，让集体成员形成集体荣誉感和责任感，并对集体保持忠诚、自信和自豪感，这种觉悟能够让集体成员保持齐心协力的发展方向，通过共同的目标来激励自己约束自我的行为习惯。

2. 有助于科学有效地发展集体目标

个人价值的实现是在社会中进行的，也是在集体中进行的，而社会的发展也同样需要集体和个人的努力。而思想政治教育就是帮助人们如何处理个人、集体和社会三者之间的关系，在集体目标中融入社会建设的目标，让集体目标体现社会发展的方向，促进集体科学地发展。

如果集体制定的目标能够得到全体成员的认同，那么这个目标就是有效的，并可以使全体成员作为个人目标努力践行，这样可以推动更好地实现集体目标。思想政治教育主要通过宣传的方式，让人们认识到集体发展的目标，可以让人们用辩证和发展的眼光来看待这一目标，使个人的目标与集体目标发展相一致，使个人明确自己的志向。

集体成员在思想政治教育的融入下，能够更明显地表现个人情绪，使他们情感更充沛，彼此之间的关系更融洽，激发出积极的情感，抵制消极情绪。此外，还可以引导集体成员在情感和组织上更加积极向上。最终使集体目标内化为个人的目标，凝聚众人的力量，从而更好地完成集体目标。

3. 有助于构建和谐的成员关系

集体主义教育包括多方面的内容，主要有如何处理个人与集体的关系，对他人更理解和包容，集体成员之间彼此团结合作等。思想政治教育也采用了多种方式来缓解集体内部的矛盾，解决问题，使集体内部成员关系更融洽、团结一致。

（1）创造良好的集体氛围

思想政治教育要建立在对集体成员有很好的认识与了解的基础上，及时发现并解决问题，对集体成员有正面引导；领导者和群众具有一定的权威，在集体舆论的形成中具有重要作用，可利用他们把握舆论导向；在舆论中融入思想政治教育的内容，在无形中增强舆论感染力，创造积极向上的良好氛围。

（2）创造平等沟通交流的平台

思想政治教育要发挥沟通的作用，可以通过面对面的直接交流、讨论座谈会以及其他形式的媒介，促进思想的交流和意见交换，分享彼此的感受，使双方有自由平等交流的平台，可以增进感情，促进解决问题。

（3）关注集体成员的心理

思想政治教育可以促进良好干群关系的形成，也可以帮助集体成员处理各种人际关系，正确看待彼此之间的关系，避免因为竞争导致的认识偏差，让集体成员保持心理平衡；还可以更清晰地认识和了解集体成员的思想，方便制定和完善某些政策，兼顾到集体成员的意愿。

4. 有助于形成发展集体文化

全体成员的共同努力才创造了集体文化，它包括任何物质的和非物质的文化，集体成员通过学习可以使之继续传承和发扬。在集体文化建设和发展过程中，思想政治教育主要有两个作用：

（1）在制度文化方面，集体成员的行为受到各种规章制度的约束和支配

集体成员对规章制度的认同关系到他们自身的利益，如果能够很好地贯彻落实规章制度，可以实现全体成员的利益，稳步提升他们的物质生活水平。因此，要帮助全体成员对集体的规章制度产生认同并自觉遵守，在执行制度过程中也要不断完善。

（2）在精神文化方面，思想政治教育对人的思想具有塑造作用

统一集体成员的价值追求，树立正确价值观，让集体文化拥有更强大的生命力和凝聚力。在思想政治教育活动开展的过程中，集体文化可以得到有效加强，属于集体的独特仪式或独特象征物可以展现出全新的面貌，集体成员也会在这样的活动中受到影响，这有利于集体塑造出更好的形象。

（四）高校思想政治教育的个体价值

思想政治教育具有的个体价值体现在它可以影响个人的生存及发展，个体的生存需求及发展需要可以借助于思想政治教育的方式实现，思想政治教育还可以为个体的发展提供精神动力，也能够约束个体的行为发展、品格发展。

1. 有助于激发学生的精神动力

让学生拥有积极向上的精神力量，促进学生全面发展，是思想政治教育的重要作用

之一。在激发学生精神动力方面，思想政治教育发挥了很大作用。人因为有需要才会有行动的动力，进而有行动。人的需要无外乎两种：物质和精神需要，也会因此产生物质和精神上的激励。中国特色社会主义建设一方面要有正确的经济手段，另一方面也需要对人们进行精神鼓励，即思想政治教育。而思想政治教育对人的激励有民主激励、榜样激励、情感激励和目标激励。一方面，思想政治教育宣传社会主义民主；另一方面，也通过各种方式让受教育者参与到社会主义管理中行使权利，这样可以调动受教育者的积极性。榜样激励是通过榜样的力量来影响受教育者，激发他们的上进心；情感激励是满足受教育者的情感需求，使他们在情感上趋向于积极、正能量；思想政治教育在理论方面始终以马克思主义理论为指导，践行社会主义理想信念，让受教育者树立正确的人生观和价值观，在精神层面给予人们动力。

2. 有助于塑造学生的个体人格

一个人整体上的精神状况就是人格表现，人格具有一定价值倾向，也是一种较为稳定的心理特征。人格涉及的方面包括精神层面、思想层面、道德层面以及情操层面，思想政治教育可以利用教育方式培养个体形成优秀的品格，可以让个体的精神发展到达更高的层级，拥有健康的心理素质，为未来社会的发展培养高素质人才。

思想政治教育工作的深入开展，引导受教育者明确自身定位，认识到自己在未来社会发展中的地位，增强责任感和使命感，拥有主人翁意识；也让受教育者明确人生目标，树立崇高的理想，指明奋斗方向，对社会、人生和个人有更清晰的认识，具备改造和适应环境的能力；影响受教育者的认知、情感和态度，拥有健康向上的心态，热爱生活，主动创造，在生活中积极乐观，顽强奋斗，发挥个人的潜能，促进人格完善。由此可见，思想政治教育在完善和发展自我方面具有重要作用，给人内在的精神动力，帮助塑造健全的人格。

3. 有助于规范学生的个体行为

在改革开放程度越来越深的情况下，市场经济的发展不断繁荣，社会也有了更大的发展活力，这样的变化要求社会规则及时更新，我国目前正处于社会转型时期，思想政治教育的意识形态作用更加凸显，要努力践行社会主义核心价值观，通过道德和法律，双管齐下，规范学生的行为。思想政治教育是对受教育者进行有组织、有目标的道德教育，可以让受教育者拥有良好的道德品质，陶冶情操，树立正确的道德观念，将这些道德意识内化于心，对自己的行为产生约束，在社会活动中用更高的道德规范来约束和管理自己的行为。加强法制观教育，形成良好的法治社会氛围，让全体社会成员自觉形成遵守法律、学习法律的意识。同时，也要发挥法律的作用，引导和规范全体成员的行为，保障成员的利益，为社会主义核心价值观的践行提供制度保障。

第二节 高校思想政治教育的平台构建

一、人文素质教育平台构建

人文素质教育，旨在发挥高校文化育人的功能。在高等教育内涵建设进程中，高校思想政治工作应注重时代特征与高校特色的结合，将人文素质教育贯穿学生培养的各个环节，提升大学生的人文修养，推动文理交融，完善综合素质，增强文化自信。

（一）人文素质教育的重要意义

第一，人文素质教育是人的全面发展的重要途径。教育的本质是对"人"的培养，通过人文素质教育让大学生学会"如何做人"，帮助他们树立正确的世界观、人生观、价值观，健全大学生的人格，增强学生社会责任感、历史使命感。人文素质教育的目的的就是要培养人高尚的人格品德和全面发展的人，这与马克思人的全面发展理论的内涵高度契合。进行人文素质教育，可以满足人对人文知识学习的需要，满足人们对高尚品德的追求，而人的全面发展要求人具备高尚的道德品格、优秀的内在品质、良好的知识结构和科学的思维方法，这与人文素质教育的内容是充分契合的。实现大学生的全面发展需要人文素质教育的开展，这是理论落脚于实践的内在需求。

第二，人文素质教育有利于学生道德品质的提高。人文素质教育让大学生的情感得以熏陶，心灵得以净化，思想得以升华。"杀身成仁"，"舍生取义"，"先天下之忧而忧，后天下之乐而乐"，"人生自古谁无死，留取丹心照汗青"，这都是中国传统文化的人文精华，挖掘中国本土性、母体性、民族性的人文因素，结合当下国情与时代背景，进行现代性转化，这不仅有助于丰富大学生思想道德教育的内涵，更有利于大学生道德水平的整体提升。

人文素质教育不仅仅教学生以人文知识，在更大程度上教学生认识自我，从而认识他人、社会乃至全世界。人文素质教育同样时以将许多先辈留下的人生体悟和人生哲理教给学生，有助于帮助大学生更清楚地认识自我，同时通过自我认识更清楚地了解世界以及自身对他人、家庭、社会、国家的责任。

第三，人文素质教育有利于创新精神的培育。良好的人文素质能够激发人的创造力，通过人文素质教育，开拓大学生思维，激发创新灵感。人的文化背景越宽泛，视野也会随之开阔，融会贯通能力也随之增强，进而创造力也得以激发。开阔的视野能够帮助大学生站在前人的肩膀上，高瞻远瞩。人文素质的提高是一个出外而内的过程，通过对人文知识的学习、认知与感悟，将人文知识内化为自身的一种"精神内涵"，这种精神内涵有助于对问题的深刻反省，对知识的灵活运用，能够击破思维的惯性与惰性，有利于发现、提出有价值的问题与创造性地解决问题。因此，人文素质对大学生创新精神的培养具有一定的作用。

（二）人文素质教育的主要内容

1. 推动革命文化教育

在中国人民及中国共产党坚持不懈的奋斗中，革命文化得以形成，革命文化中包含着中国共产党人及中国革命群众的思想精神，也就是说革命文化包含革命精神及与革命有关的历史文化，它是扎根于中华土壤而形成的优秀的传统文化，社会先进文化的形成也在一定程度上吸收了革命文化的深刻内涵。革命文化包括中国新民主主义革命时期和社会主义建设初期的遗址、遗物、纪念物等物质文化和在这一革命过程中孕育出来的革命历史、革命精神、革命文学艺术，以及人民领袖、将军、烈士及老区广大人民群众的革命遗迹等非物质文化两种形态。分析革命文化可以发现，它展现了我国人民自强不息的顽强精神、时刻忧虑家国发展的爱国情怀、不因富贵威武或贫贱改变的高尚气节和天道酬勤的民族精神。通过革命文化，可以看到我国人民的高尚品格，可以看到我国人民的崇高理想。社会主义核心价值体系的形成在一定程度上吸收了革命文化的精华，革命文化在爱国主义教育活动中具有先天的优势。高校应当通过组织参观寻访、观摩主题影视资料、举办红色经典作品品读、开展演讲比赛和征文比赛等形式多样的活动，促进大学生重温老一辈的红色岁月，了解红色文化，潜移默化地使学生接受更多的革命历史知识、革命传统和革命精神，进一步激发大学生对党的热爱，对社会主义的热爱。

2. 推动先进文化教育

对大学生开展社会主义先进文化教育，就是要培育大学生的爱国主义精神、民族精神和改革创新精神，其中爱国主义精神和民族精神是重中之重。开展大学生爱国主义教育，就是要引导大学生充分认识到改革开放以来，党领导人民群众取得的社会主义建设伟大成就，增强大学生对于社会主义道路、制度、理论和文化的自信，并增强投身社会主义建设、为国家建设添砖加瓦的主动性和自觉性。开展大学生民族精神教育，就是要引导大学生增强民族自豪感和自信心，对实现中华民族伟大复兴充满信心；同时要引导大学生积极弘扬民族文化、民族精神，传承和发扬好作为中华儿女的基本价值观念。

（三）人文素质教育的基本路径

大学生人文素质是校园文化建设的重要内容，也是学生成长成才的必要基础。人文素质教育是大学生全面发展的需要，是思政教育学科发展的需要，是社会主义和谐社会发展的需要，因此，高校加强大学生的人文素质教育是势在必行的。通过构建课程体系、开设人文讲座、营造人文环境、提升艺术修养来加强大学生的人文素质教育，不断地夯实大学生的人文基础，提高大学生的人文修养，促进大学生的全面发展。

1. 构建课程体系

在高校整个课程体系、整个教学活动中规划人文素质教育课程。在高校学生中大面积普及人文知识教育，在课程体系构建过程中适当增设人文必修课和人文选修课。对大学生进行人文素质教育必不可少的是利用课堂教学方式，所以，大学在进行课程体系设置时，应该设置更多的和人文有关的必修课程，如开设古诗词鉴赏、中外哲学等课程，结合历史资料和影片、专题片等影像资料，进行直观的、感性的人文素质教育。人文选修课程的开设需要考虑学生的差异，需要考虑专业需要的差异，在此基础上，设计出符合学生兴趣和需要的人文选修课程。除此之外，学校还应该针对某一个专业学科的特殊性为学生开设可以辅助其专业发展的辅修课程，也可以为某一个专业的学生提供双学位教学服务。

2. 打造教师队伍

人文素质教育师资队伍是决定高校人文素质教育工作水平高低的重要方面。教师是教育行为的实施者，在教学过程中起着重要作用。高素质的教师队伍是推进大学生素质教育的根本保证。在高等教育过程中，教师的人格状态是影响教育质量的潜在因素。教师需要充分认识到人文教育对于教学活动的重要意义，自觉注重人文知识的学习，特别是经典著作的阅读，拓宽自身知识面。在实施教育过程中给予更多人文关怀，即对人的本性的内在需要。人文素质教育过程中，教师不仅需要有理论上的传授，应当更加注重与大学生情感上的交流，在教育教学的过程中，充分尊重和关怀大学生，注重培养学生的社会实践能力和感悟生活的能力，将教学与现实生活紧密相连，培养学生完善的人格以及关心他人、尊重他人的品格，促进学生的全面发展。

3. 举办人文教育活动

高校人文教育活动因其形式丰富、贴近学生、参与者众而广受学生喜欢，举办各类人文教育活动亦成为高校人文素质教育最主要和最直接的方式。人文教育活动种类丰富多彩，包括舞台演出、人文讲座、读书活动、体育比赛等。这里对读书活动和人文讲座稍做展开。

阅读是人们学习科学文化知识、获取信息、体验艺术最重要和最直接的方式，因此，开展人文阅读，是对大学生进行文化素质教育最有效的方式。一方面，高校应为学生人文素质的提高提供阅读书目；另一方面，高校应该充分利用大学校园去开展校园文化活动，比如说，可以在校园当中举办阅读活动、知识竞赛活动、朗诵活动、情景剧演出活动，学校的校报当中也应该及时看到经典作品，学校的广播电台也应该经常播放与人文有关的歌曲。让人文经典的气息弥漫于大学校园之中，让人身入其中，接受人文熏陶。

人文课程教学可以借助于学术讲座活动作为教学的有效补充，学生人文素质的培养也离不开学术讲座的支持。高校可以积极邀请国内外知名专家、学者，打造校园经典人文讲座，形成大学讲坛文化。人文知识讲座要结合实际，有统一的组织和合理的安排，增强系统性和针对性。通过组织各类学术活动，开展传统文化教育等方式增强大学生修身意识，传承学校精神文脉，促进优良学风建设，营造文明修身、健康向上的校园文化环境。

4.营造人文环境

人文素质的形成需要通过提升自身的修养来达到，而提升修养的过程就需要不断受到人文环境的熏陶，在耳濡目染中提升艺术修养，在隐性教育中提高人文素质教育的成效。校园人文环境包括自然环境和人文环境。自然环境指看得见摸得着的，如山水园林、校园建筑、学习场所及娱乐设施。人文环境是看不见摸不着的，包括学风、教风、校风以及校园文体活动、人际关系等。校园人文环境建设是校园文化建设的有力抓手，也是人文素质教育的有效载体。加强校园人文环境建设，营造积极向上、健康高雅的校园文化氛围，对于大学生人文素养的形成具有重要意义。重视校园文化景观的教育意义，发挥校内雕塑、广场、建筑小品、景观景物的文化熏陶功能，进一步开发校内建筑及人文景观的文化价值，通过组织学生参与设计校园景观作品、命名楼宇街道等活动，鼓励学生积极参与校园环境建设。

二、身心素质发展平台何建

身心素质发展平台，是以大学生身心素质的平衡发展为核心，由高校的相关部门共同打造的育人平台，旨在通过全面的体育教育和心理健康教育，帮助广大学生培养强健体魄、健康心态，促进学生身心和谐。

（一）身体素质提升平台

第一，深刻认识高校体育工作的育人功能。身体素质是人的基本素质。体育课程教育、课外体育活动和赛事，旨在培养大学生健康体魄，切实提高大学生体质健康水平，促进学生全面发展，也是思政教育的重要途径之一。高校应当充分挖掘和有效发挥学校体育在学生思想道德素质、科学文化素质、身心健康素质以及人格品质、审美素养和健康生活方式形成中的多种育人功能,锻炼意志品质,培养团体精神。

第二,大力建设大学生身体素质提升平台。改革开放以来,我国体育事业蓬勃发展,各地不断完善和落实各项政策措施,广泛开展阳光体育运动,有力推进学校体育改革发展,高校的体育工作取得很大成绩。

近年来,各高校通过多元化体育教育、锻炼平台的建设,积极打造体育教学、课外活动和体育赛事相结合的群体模式,开展形式多样的群众体育运动,拓宽学生参与群体活动的途径,丰富校园体育文化生活;依托学生体育类社团和体育骨干的培养,创建品牌体育活动,弘扬各具特色的校园体育文化、传统和特色;广泛传播体育精神和健康理念,形成学生热爱体育、崇尚运动、健康向上的良好风气;充分挖掘和有效发挥学校体育在学生思想道德素质、科学文化素质、身心健康素质以及人格品质、审美素养和健康生活方式形成中的多种育人功能,锻炼意志品质,培养团体精神,进一步促进学生身体素质的提高。

体育课程教育、课外体育活动和赛事以及过程中弘扬的体育文化和体育精神,是身体素质平台建设的重要抓手,其中所蕴含的育人功能也早已成为各高校的共识。结合大学生生理心理发展特点,向学生传授体育知识、理论和实践的体育教育过程,应当适当融入思政教育的内容。

(二)心理健康教育平台

从广义角度进行分析,心理健康指的是人的心理状态处于良好高效可以让人满意的状态,从狭义的角度进行分析,心理健康指的是人在活动中涉及的认知、情感、行为、人格或者意志是彼此协调的。大学生群体看似轻松,实则承载着巨大的压力,比如学业困惑、情感纠葛、就业迷茫、人际关系紧张等。大学生因为心理问题而休学、留级、退学的案例已经屡见不鲜。因此,加强和改进大学生心理健康教育是新形势下全面贯彻党的教育方针、建设人力资源强国、推进素质教育的重要举措,是促进大学生健康成长、培养造就拔尖创新人才的重要工作,是推动高等教育改革、加强和改进大学生思政教育的重要任务。

大学阶段的学生自我意识在慢慢成熟,大学阶段是培养个性的最关键时期。大学生的自尊心和独立意识都很强,但是他们的心理发展并没有完全成熟,自我的控制能力和调节能力不强,所以在处理一些复杂问题时,时常会因为自我调节能力不够或自我控制能力不够产生激烈的冲突或者内心的自我怀疑,最终造成大学生心理发展的不平衡和失调,进而影响大学生的心理健康。另外,从外部环境来讲,随着社会竞争的日趋激烈和生活节奏的加快,大学生由学习、生活、就业、恋爱、人际关系等问题所带来的压力越来越大，由此而引发的心理问题和心理障碍日益明显。因此，高校开展心理健康教育，提升大学生心理素质，既是思政教育的需要，更是高校人才的培养的基本需求。把一个学生培养成为人才，必须首先把其培养成为一个人格健全的人，而良好的心理素质是评判一个人人格是否健全的基础性指标之一。

我国高校心理健康教育工作，起步于20世纪80年代中期，在党和政府的高度重视我国高校心理健康教育发展迅速并不断壮大。经过多年的探索和实践，心理健康教育从小到大，从弱到强，逐步走向了专业化、科学化、大众化，在缓解大学生心理压力、塑造良好的个性心理、提高大学生适应社会的能力、促进学生全面发展等方面发挥了极其重要的作用。

1. 开展心理健康课程教育

大学生心理素质教育依赖的主要渠道是课程教育，课程教育也是心理素质教育中的关键部分，心理健康教育课程的设置与其他学科的课程设置存在不同之处，心理健康教育是为了让学生形成良好的心理素质，所以，进行心理健康教育课程方面的探索与创新是高校心理素质教育的重要任务。

（1）心理健康教育课程的教育理念

课程的教学理念是课程建设的核心，它决定了教学目标、教学内容的建构以及教学方法的选择。建设大学生心理健康教育课程应当遵循的理念主要包括以下方面：

①课程教育的重点是大学生。大学生心理健康教育课程关注的是人，是学生这些活生生的人的心理健康。人是课程设计的出发点，理论和知识都是为人服务的，不能本末倒置。关注人的课程价值理念就是要在课程内容设置上研究大学生的心理发展特点、大学生心理成长发展的需要以及大学生心理发展的困惑，以学生为中心选择课程内容，选取相应的心理学理论；关注人的课程价值理念就是要研究学生喜欢和可以接受的教学方法，使学生真正愿意学、喜欢学，使其学习的内容可以用于自己身上，达到人格的完善和心理的健康发展。

②课程激发大学生主动学习。大学心理健康教学的核心是促进学生了解自己，让学生在原有的基础上变得更加积极主动，投入生活，学会为自己负责，为自己做选择，做决定。而学生要做出这样的改变，既不是靠教师的讲授，也不是靠教师从外部的灌输可以完成的；必须经由其由内而外的心理转化才能达到。因此，只有充分重视和尊重学生的内心世界，才能促使其去发现并接受真正的自我，学会为自己负责，并做出适合自我个性的选择。这个过程只有靠激发学生内在的主动性，让其从"要我学"到"我要学"，使他们从单纯接受者的角色转变为学习过程的主体，从接受式学习转变为发现式学习、

探究式学习。激发学生的学习欲望，提升学生的学习兴趣，培养学生的创新思维和创新能力，使学生以积极主动的状态参与教学活动。

心理健康教育课程重在关注生命成长，即让心理健康教育课程的学习成为师生人生中一段重要的生命经历，成为其生命中有意义的构成部分。一方面，关注生命不仅要注重每一位学生，注重让学生在课堂上积极参与，使他们在体验中感悟，在感悟中收获成长，还要在传授心理调节知识和技能的同时，培养学生健全的心智与健康的人格，充分领悟和体验生命的意义和生活的价值；另一方面，课堂教学是教师职业生涯中的重要组成部分，课堂上学生与学生之间的分享、师生之间的互动，学生的疑问和反思都可能成为教师专业成长、情感升华、体验到生命价值的重要契机。心理健康教育课程让课堂焕发生命的活力，成为学生和教师体验生命价值、感受自我成长、进行生命实践的重要舞台，对教师和学生的生命成长都具有重要的意义。

③课程提倡回归现实的生活。心理健康教育课程如果要帮助学生获得更好的心理发展、更好的生命成长，就必须回归生活，在课堂学习时注重理论联系实际，使学生在学习后将所学的理论方法付诸实践，使自己在生活、学习上更适应，拥有幸福感。心理健康教育课程若想回归生活，就要以真实的生活环境为中心设计教学内容和教学活动，通过对大学生在生活实际中遇到的适应问题、人际关系困扰、情绪管理、生命困惑等给予指导，帮助学生将所学的心理调适之道应用于生活中，关注生活、体验生活，提升生活品质，成为自己身体健康与心理潜能的开发者。心理健康教育课程回归生活，就要敢于直面学生在心理发展中的热点问题。对于学生提出的热点及敏感话题，不回避，不说教，而是从关爱出发，引导学生讨论，让学生学会为自己、为他人负责，从而正确地做出选择。

第一，课程目标方面。心理健康教育课程致力于人与人、人与自然、人与社会的和谐健康发展，培养学生悦纳自我，热爱生活，积极交往，形成健康向上的情感态度价值观，同时注重大学生一致性与差异性的统一，培养学生尊重彼此的差异性，学会欣赏别人，处理好大学生在生活中的各种人际关系。

第二，课程价值取向方面。心理健康教育课程培养的是热爱生活、接纳自我、身心和谐的人，而不是进行心理学研究的研究者。心理健康与大学生的学习、生活息息相关，是生活中重要的构成要素。通过心理健康教育课程，可以帮助大学生对生活经验进行整理、反思和丰富，在课程生活和整体生活的互动中成为一个身心健康的人。

第三，课程内容方面。在课程内容方面，将大学生在生活中不可避免会遇到的心理困扰及其关注热点引入心理健康课堂，主要包括生活适应、学习适应、情绪管理、人际关系、恋爱与性、珍爱生命、应对挫折、转换生活视角等。心理健康生态课程内容不仅存在于课本中,生活是更广泛的课程内容,心理素质教育课程就是让大学生针对生活中的各种问题,学习心理调适之道,并将所学知识应用于生活实践,从而提高大学生的适应能力,达到人与自然、人与社会的和谐统一。

第四,学习效果评估方面。从学习效果评估方面,分别以自我评估、教师评估、学生评估三种方式对大学生进行评估。不仅要评估大学生对课堂上学到的心理健康知识和心理调适方法的掌握情况,更要重视大学生的知识获取及应用能力,即大学生是否能在日常生活中关注自己和他人身心健康,通过阅读、开展或参与心理素质教育活动等方式提高自己的心理健康水平,以及主动将所学知识应用于生活实践。此外,课程评估不仅要评估大学生学习心理素质教育课程的结果,还要关注在整个学习过程中学生参与课堂及课外活动的积极性及态度。

(2)心理健康教育课程的教学方法

教学方法服从于教学目标,是教师为达成教学目标而搭建的教师的教与学生的学之间的桥梁,它不仅涉及教师如何教,也涉及学生如何学和怎样真正学。为使大学生心理健康课程真正帮助学生在学习并掌握心理健康知识的基础上,将其运用于自己的学习生活中,形成良好的心理素质,提高心理发展的技能,就必须改革传统的教师单向向学生灌输理论知识的教学方法,探索新的教学方法,主要包括以下方面:

①多元互动式的课堂教学。互动式教学与传统教学相比,其特点在于互动。从教育学、心理学角度,互动式教学主要包括以下方面:

第一,师生双方自主参与。教育教学的互动中,学生转变以往的接受者身份,变成了自主学习的主体,从"要我学"变成了"我要学",以往的接受式学习方式慢慢改变,变成了自主式学习和探索式学习,此种新的教学方式激发了学生的创新意识和学习的自主意识。因此,在心理健康教育的教学活动中,师生双方都是有意识的、能动的交换或传递者,都以积极主动的状态参与活动。

第二,师生双方共同参与。相比于传统的教学模式来说,互动式教学模式更加注重"动"态的授课模式,"动"态的教学模式需要教师共同参与教学实践活动,在实践的过程中,做到动手、动脑、动情,让学生更加深刻地感知实践活动中的教学内容,不断内化所学知识,并且能和实践活动结合在一起,实现理论与实践的有机结合,进而提高大学生的实践能力和理解知识的能力。所谓"动",就是要创设多种教学情境,开展多种教学活动,多种教学活动是形式灵活多样的教学手段与教师讲授的综合,是课堂内外的有机结合,它能够促进学生理论和实践的有效结合,培育学生的创新精神,提高实践能力。

②动态生成式的课堂教学。动态生成式教学指的是教师要结合课堂当中学生的实际情况对教学计划进行适当的灵活的调整,以此来满足学生的学习需要、发展需要。在这样的模式下,课堂一直处于动态发展过程中,如果师生想要借助于教学活动实现彼此的成长,那么师生就必须紧紧结合在一起,以有机整体的方式参与教学活动。师生应该进行深层次的沟通和对话,通过合作的方式共同完成教学目标,紧紧围绕教学目标展开相关的活动。在彼此的影响中推动教学活动的开展。心理健康教育课程观很重视课程的动态生成性,根据大学生实际生活中遇到的问题生成教学内容,通过师生之间的互动、体验与分享,提升大学生的心理保健意识,培养大学生解决家庭生活、学校生活、社会生活中遇到的各种困扰的能力。

动态生成的生态课程观并不是不需要预设成功,即提前备课,顺利完成教学计划。提前备课是有效教学可以实现的前提,教学活动本身就是有目的的,教师需要在真正开展教学活动之前了解教学任务,对教学任务的完成做科学的设计和思考。只有事先预设教学内容、教学设计,进行备教材、备教案、备学生,才能更好地在课堂发挥教师的主导作用和学生的主体作用,提高教学效率。因此,心理健康教育课程要将动态生成和预设成功有效地结合起来。教师根据大学生在生活中可能会遇到的问题做好充分的预设和充足的准备,这样才能对整个课堂有更强的掌控力;同时,要适时关注课堂生成的新问题、新内容、新方法,体验师生之间、生生之间思维碰撞、心灵沟通、情感融合的生命活动历程以及随之而来的意外收获。

③体验内化式的课堂教学。大学生心理素质教育课程不是为了让学生记住多少心理学的理论与方法,而是让他们将这些理论和方法内化为向我的认识,再由认识转化为完善自我的行动。当代建构主义倡导的体验式教学为人们提供了一种体验内化的教学方法。体验式教学强调"体验",即从个人经验中感悟和理解,它既是学习过程,又是学习的结果。体验式教学指教师通过在教学过程中精心设计活动和情境,让学生通过体验、观察、反思、分享、理解并建构知识,提高能力,并把知识运用到现实中去。建构主义提出学习过程不是将存在于外界的知识吸收进来,而是需要学生从内在的角度自主地进行知识构建,所有的学生都有一定的知识基础,依托于原有的基础,学生可以根据自己的理解进行知识构建。

第一,创设体验情境。创设体验情境是指创设一些情境和活动。大学生心理健康课教学常用的体验活动有冥想、案例分析、心理测试、电影赏析、心理游戏、角色扮演、心理情景剧等,是设置某一种活动情境让学生参与其中并从中获得经验的过程。

第二,观察反思。观察反思是指学生在情境中感知、观察、体验、思考,这是一个在内在发生的过程。学生进入教学情境活动之后，为了让他们对经验有更深的体验，教师对其引导，丰富他们的生命体验，促进其觉察与反思。教师可以就事实和感受两个层面对学生进行引导。教师注重引导学生在互动活动中关注自己和他人的感受和体验。学生就会从对这一具体活动的关注中产生对课程内容的兴趣，继而激起热烈的情绪而投入到课堂学习中，学生也会把这一具体情境的体验性学习带入生活中的各种情境，从而学会观察生活、观察自己、观察他人、感受自己、感受他人、感受生活。他们会从生活中学习改变与成长。

第三，总结提升。总结提升是将学生所获得的体验、觉察、认识，用心理学的理论来引导思考和分析，形成新的人生经验。总结提升是把以前自己得到和分享交流中获得的片段而零散的新体验、新感受、新认识进行统整、提升、赋予新意义的过程。这个过程很重要，例如，学生在分享了用表情、动作进行交流时的感受后，总结出了"非语言是人的内心表达""敏锐的观察可以增进人际交往""语言表达可以直接交流，避免误解"。这一阶段可以采用学生的自我总结、学生团体总结和教师总结的方式。

2. 建设心理健康活动体系

（1）心理健康教育活动的设计原则

如何使高校心理健康教育活动开展得更有效，使活动更能切合大学生的心理特点，满足大学生的心理成长需要，发挥心理健康教育的功能，在设计及实施心理健康教育活动时注意以下原则：

第一，活动设计的开放性原则。心理健康教育活动的开放性表现在以下两个方面：①形式上的开放性。在形式上，心理健康教育活动可以向不同的对象开放，尽可能地将能够促进大学生心理素质提升的资源整合起来。②内容上的开放性。内容上的开放是指在设计活动时要善于从学生的学习、生活实践中选材。

第二，活动设计的主体性原则。心理健康教育活动的目的是提升学生的心理素质，是以学生为主体的，在设计及实施心理健康教育活动时，一定要尊重学生主体的需要，主要表现在以下方面：

活动内容设计贴近学生需求。在设计活动内容的时候，应该充分考虑学生的身心发展特点。发展学生的心理素质应该以他们现有的身心发展水平为基点；并且，每个学生都具有个体差异性，每个学生的思维方式和认知方式都不同，不同的影响因素导致不同的行为方式和习惯。所以，在组织开展心理健康教育活动的过程中，应该充分考虑学生的差异性和阶段性。只有符合学生的身心发展特点的活动才能调动他们的参与性和主动性。

充分调动学生积极参与活动。充分调动学生参与活动的独立性、能动性和创造性，让每一个学生都成为活动的积极参与者。在活动过程中，教师只能起指导作用，不能包办代替。要注意防止两种倾向：一是对话动插手过多，学生失去了自主性，只能按教师意图行事，最终失去对活动的兴趣；二是将活动看成是学生自己的事而袖手旁观，听之任之，这实质上是一种不负责任的表现。教师既要确定学生在活动中的主体地位，又不能放弃自己的主导作用。

第三，活动设计的有效性原则。为了使活动有效，在设计心理健康教育活动时，一方面，要能针对学生的实际来设计活动。例如，针对刚入学的大学生，开展新生班级辅导活动，促进学生更快融入大学校园；另一方面，设计时要考虑所设计活动的可操作性。为此，要注意活动规模不宜太大，活动节奏要适度，针对失恋者的团体辅导应以 8～10 人的小团体连续多次的活动为宜；而新生班级辅导则可以在几十人的班级中开展，并且一次 2 个小时的活动就会收到较好效果。

第四，活动设计的系统性原则。学生心理素质的提升不是可以轻易实现的，是一个系统工程。在设计心理健康教育活动时，要注意内容的系统性，使单个活动组成系列活动，具有指向集中、主题鲜明、内容丰富的特点，从而使全体学生都受到深刻的心理健康教育，也注重学生知、情、意、行诸方面的全面发展。例如，在入学时开展新生班级辅导活动；在大二、大三时开展自我探索、确定职业发展的活动；在大四时开展求职辅导，使学生适应社会的活动。

（2）心理健康教育活动的类别划分。

①根据活动人群范围划分

第一，个人层面开展活动。在个人层面开展的心理健康教育活动主要是面向个体开展的，注重个体在活动中的体验及参与，旨在提高个体的心理健康意识，增强个体对自我的认识、理解和接纳，提升心理适应能力。如心理专题讲座、现场心理咨询、心理测试、心理电影赏析、心理读书会、心理对对碰、微博短故事征集大赛等活动。

第二，宿舍层面开展活动。宿舍是大学生学习、生活、休息、社交的重要场所，在塑造大学生的个性以及促进心理健康发展的过程中，以宿舍为单位组织开展活动，不仅可以缓解和减少宿舍之间的冲突和矛盾，促进宿舍成员之间的理解和接纳，而且可以营造温馨和睦的宿舍氛围，增强归属感，从而促进个体情绪管理能力、人际交往能力等心理素质的提升。在宿舍层面开展的心理健康教育活动主要有：幸福宿舍评比、宿舍团体活动、宿舍心理微电影等活动。

第三，班级层面开展活动。大学中的班级是大学生活的基本单位，是学校、学院开展工作的终端,是大学生共同学习、共同生活的基础,因此,在班级中开展心理健康教育活动可以促进班级凝聚力的提升,增强同学的归属感,促进个体情绪管理能力、人际交往能力等心理素质的提升。在班级层面开展的心理健康教育活动主要有:心理班会、班级心理健康知识竞赛、优秀班级活动评选等。

第四,校园层面开展活动。校园文化是一种社会亚文化,是社会文化的有机组成部分,校园文化具有育人功能、导向功能、娱乐功能和辐射功能。心理素质教育活动是高校校园文化的重要组成部分。在全校层面开展心理健康教育宣传及实践活动对于构建良好的心理生态环境非常重要:一方面,充分利用报刊、网络、电台、电视等宣传手段,在全校宣传心理健康知识,营造积极、健康的文化氛围;另一方面,在全校层面开展心理素质拓展、心理情景剧表演、心理团体辅导等活动,营造特定的校园心理氛围与环境,由于渗透面广,这能够让更多的学生了解、知晓心理健康理念,让学生在有意或无意中受到教育,对学生积极心态的形成、乐观向上生活态度的培养以及和谐人际关系的建立,都产生着综合影响。高校日常的心理健康知识的普及宣传教育都在营造一种良好的校园心理文化氛围,帮助学生健康成长。

②根据活动组织时间划分

第一,日常性心理健康教育活动。日常性的心理健康教育活动指不受时间限制,高校开展的心理健康教育宣传活动,主要有心理报刊、心理橱窗、心理网页的宣传,心理讲座、团体辅导活动、各种志愿者活动的开展等。这些活动没有时间限制,根据同学需要随时开展。日常性的心理健康教育活动可以随时让学生学习到心理健康知识,起到对学生的心理教育不断重复、不断强化的作用,日积月累,润物无声,学生们逐渐增长了心理健康意识,学会关心自我和他人的心理健康,学会了自助与助人。

第二,集中性心理健康教育活动。集中性的心理健康教育活动指高校在限定的时间内,集中组织的系列心理素质教育活动。集中性健康教育活动的好处是能够形成一种宣传教育的强大影响力,如果在同一时间段内进行丰富多彩的心理教育活动,能够引起学生更大的关注,引发学生积极参与的兴趣。

③根据教育途径划分

从教育的途径来划分,心理健康教育的宣传活动可分为实体的宣传教育活动和网络宣传教育。实体的宣传教育途径包括创办心理健康教育宣传报刊、心理宣传橱窗、电视、广播等。各高校都有自己的心理健康教育宣传刊物或报纸。这些报刊一般都由学生自己编写,内容主要是宣传心理健康知识,介绍大学生心理调节的方法、大学生常见的心理问题、心理危机识别知识等。由于这些刊物由同学自己编写,内容贴近社会主义核心价值观与高校思政教育工作理论创新研究／一大学生的心理需求，编写形式图文并茂，很受大学生的欢迎。宣传橱窗、学校电视和广播则是宣传心理健康知识的重要渠道。

网络宣传包括学校或大学生心理社团建立的心理健康网站或网页，可以进行心理沟通的微博、手机微信平台，学校可以通过这些网络媒体宣传心理健康知识，搭建同学心理沟通平台，疏导大学生的情绪，发展健康心理。随着现代网络技术的发展，网络由于具有快捷性和方便性的特点，被大学生喜爱和广泛使用，运用网络途径进行心理宣传教育也越来越成为高校广泛采用的教育形式。

④根据活动形式划分

在实践中，高校教师和大学生们创新了许多高校心理素质教育活动形式，主要包括以下方面：

第一，心理素质拓展训练。素质拓展训练借助于拓展训练的设施，借助于素质拓展培训师的引领，与此同时还要在素质拓展训练当中使用团体心理辅导技术、素质训练技术，在此基础上，为学生设计有一定挑战难度、有一定探索难度的活动项目，在项目完成的过程中，学生的素质就能够得到拓展。学生们在训练中通过体验式的培训，达到激发潜能、提高团体的凝聚力；学会了相互信任、分享情感、与人合作和相处；学习认识自我和接纳自我，提升了自信；学习解决问题和正确决策的技巧，学会承担责任；开发了个人潜能，增强了领导思维和协调意识。总之，素质拓展训练让学生在轻松快乐的氛围中提升了心理素质。

第二，心理讲座。心理讲座是高校常用的、最普遍的心理素质活动。心理讲座的组织一般是由教师调查大学生们的需求，根据学生的需要邀请校内外专家就大学生最关注的话题讲解相关的心理健康知识，对学生的心理发展进行指导。例如，大学生自信心的培养、大学生的人际沟通与人际交往、大学生的情绪管理、大学生的恋爱心理等。此外，也会有心理危机的识别与预防等专题。许多高校都有"心理大讲堂"活动，每月举办一次专家讲座。

第三，心理健康知识竞赛。心理健康知识竞赛是普及心理健康知识的一项活动。这项活动的重点并不在于比赛的结果，而是学生们在准备比赛过程中学习心理健康知识。在比赛前，教师把大学生应知应会的心理健康知识和最常用的心理调节方法编制成小册，发给同学学习。在此基础上，编写出竞赛题目。通常竞赛题分为基本知识理解题和实际应用题。实际应用题是让学生运用心理学的理论与方法解决大学生常见的心理问题。实际应用题既考查了他们对心理调节方法的掌握，也让他们学会用这些方法帮助自我和他人维护心理健康。

心理健康知识竞赛题中还会有大学生常见的心理疾病及心理危机的识别及心理危机预防干预程序，以普及心理危机预防干预知识。通常竞赛中也会有一些宣传学校心理咨询机构的题目。让同学知晓这些信息，学会主动运用学校心理咨询的资源，可以帮助自己和同学心理成长。在学生充分学习、准备的基础上，再举行初赛、复赛和决赛。这个层层比赛的过程是进一步强化对心理健康知识学习的过程。心理健康知识竞赛是一项集学习、竞争、趣味为一体的普及心理健康知识的活动，大学生参与热情很高，这成为各高校大学生心理素质教育的传统活动。

第四，团体辅导活动。团体辅导活动是以活动为载体，通过在团体活动中团体成员的互动，加强成员对话动的观察了解，让成员在体验过程中对自我有更深的认知，不断地理解自我、接受自我，通过团体活动，成员和其他人之间的关系能够得到有效调整，成员可以更好地适应新的环境、新的生活。团队辅导活动的作用是将活动作为情景，让学生在参与活动中获得体验、感悟、理解，从而达到心理成长。活动本身的趣味性、新鲜感能够吸引学生参加，激发他们积极参加的兴趣。参与游戏的过程中，学生们远离了成人式逻辑思维，回到了自然状态，凭兴趣、直觉去行动，可以进入无意识状态，从而能认识自己内心真实的需要和自己的心理特点，从而达到对自己更深入的了解。

同学们在共同参与活动的互动中，又会通过对别人的观察、了解，透过别人的反馈，学习别人的积极品质和能力，完善自己的不足，获得自我的完善和提升。团体辅导活动可用于各种主题的心理健康教育。教师要有意识、有目的、有计划地选择、设计、构建适合于教育目的、教育内容的活动。例如，自我认识、人际交往、情绪管理、压力管理、生命教育等。这些活动中蕴含着心理教育的内容，学生们在参与中能够通过对自我和他人的观察和体验，达到对自己和他人的新认识，从而调整自己的行为，达到自我完善、自我成长。

团体辅导活动不是学生游戏的带领者，也不是为了仅用活动来使学生放松和快乐，它的主要目的是让学生通过活动的方式更好地理解和掌握心理健康知识，获得心理的成长。因此，团体辅导活动的带领教师起着重要的作用。因此，在带领团体辅导活动时，教师首先要准备好自己，保持自身的心理健康，还要具备团体辅导的技能。这些技能既包括对心理学理论和知识本身掌握和运用的技能，也包括团体辅导所要求的独特的技能。

第三节 高校思想政治教育的融合

一、高校思想政治教育与法治文化的融合

（一）德治对法治的支撑

法律制定的基础是道德。法律法规的公正性和合理性以道德建设为基础，国家道德规范的诸多行为通常是以国家制定的法律法规为重要参照和依据。所以，高校在规范大学生的道德行为和标准时，可以根据规章制度规范学生的行为，让学校的规章制度成为具有约束力的制度，进而满足高校师生员工的诉求。道德弥补法治。法律具有较强的抽象性，稳定性的法律与具体多变的现实生活之间总是存在矛盾，即法律的滞后性。道德可以协助法律体系，约束和规范人们的行为。

（二）德治对法治的促进

我国高校制定的各项规章制度是为大学生服务的，高校法治文化建设也是以大学生的利益为根本出发点的，因而人们不能仅仅为了追求"法治"而"道德沦丧"。为了防止侵犯大学生的利益，高校在制定规章制度时必须符合价值追求和评价标准。除此之外，法治的价值取向与道德约束的内容"不谋而合"。所以，学校在制定规章制度的过程中，也应该遵循自由、平等、公正等价值取向，从而不断提高大学生的道德水平。并且，道德作用充分发挥的先决条件和坚强后盾是法律，法治建设能够在一定程度上强化道德的约束和规范。

二、高校思想政治教育与社会工作的融合

（一）社会工作者

1. 社会工作者的人群范围与特点

根据以上界定，不是随便一个为他人服务的人都可以称为"社会工作者"，"社会工作者"有特定的人群范围与特点。

社会工作者是从事社会工作的专门人才。为了培养出社会发展需要的专业社会工作者，很多大学都专门开设了社会工作学院，建立了社会工作系，学生可以在大学接受专业的社会知识教育，掌握社会专业知识及专业技巧，具备专业的知识和技巧，因此社会工作者是具有专业助人知识和技能的专门人才。

社会工作者是在一定的社会福利机构中专门以助人为自身职业的人，是受薪人员。社会工作者和志愿者慈善人士是有区别的，也区别于心理医生、特殊教育教师等机构工作人员。

社会工作者要认同并严格遵循社会工作的价值准则和职业伦理。社会工作者的价值准则和伦理原则是专业助人者必须严格遵循的，这也是社会工作之所以成为一个独立职业的重要因素。

社会工作者有一定的资格准入要求。要想获得社会工作者的从业资格，需要一定的专业学习经历，并按照所属国家和地区的证照管理制度进行申请。不同国家和地区的证照制度略有不同。

2. 社会工作者与社会工作机构的关系

社会工作机构是专门的社会工作组织，它为社会工作提供指导思想、信念、目标，确定社会工作的方向和服务内容，培训和调配工作人员，调动各种资源，组织社会工作活动。

社会工作机构对社会工作者的重要意义。社会工作机构对于帮助我们识别社会工作者的身份有着重要意义。严格意义上，只有在一定社会工作机构中进行专职助人工作的人员才可以称为社会工作者。可以说，从事专职助人工作的社会工作者一定是社会工作机构中的工作人员，而社会工作机构也为社会工作者的助人工作提供各种保障并施加一定影响。首先，社会工作机构对社会工作者进行管理和物质支持，社会工作者则以机构为依托，与服务对象一起工作，协助服务对象改变态度、观念或行为，以解决问题。其次，社会工作机构的目标和功能定位的限定对社会工作者的工作实务产生影响，即使工作者的工作领域更加专业化，又可能使社会工作者很难按服务对象的需要为其提供全面综合的服务。最后，社会工作机构的工作规程往往确定了谁被授权与服务对象在机构中互动、采用什么方法和途径、这种方法将提供什么资源用于帮助服务对象，这些工作规程影响着社会工作者的工作方法和途径。

社会工作机构与社会工作者的独立性间的矛盾。社会工作机构的目标与功能在一定程度上反映了社会工作者为社会做贡献的社会期望，而社会工作机构的效能则决定着社会工作者实现社会期望的程度。社会工作机构是社会工作者的工作载体，为其提供各种工作资源、条件；但是从社会工作者的"助人自助"价值、伦理角度看，社会工作机构的各种限制性规定又与社会工作者的独立性及社会工作的助人理念存在些许矛盾。以社会救助站为例，很多救助站对流浪儿童的救助工作通常以保证儿童在站期间吃饱、穿暖、不生病、不出事，并安全送出救助站为工作目标。在这种目标定位下，救助站出于管理便利的需要往往忽视儿童的特殊情况和切身利益,对社会工作者的工作定位也进行行政限定,通常仅要求其配合救助站的工作,适当开展心理咨询和做做游戏,而不能根据儿童的特殊情况和切身利益制订"个别化"的解决方案。机构的限定性规定使社会工作者在发挥角色作用和技能上受限。

(二)高校思政教育与社会工作融合形式

1. 高校思政教育与个案工作方法的融合

个案工作方法主要是利用沟通方式、会谈方式、记录方式,帮助高校开展思想政治教育,不同的个案工作方法有不同的运用技巧,要遵循不同的应用程序,要使个案工作方法在高校思政教育与社会工作融合中,取得良好的效果,必须对各种技术有透彻的理解和熟练地运用。

(1)个案工作的沟通

人际沟通是人类最基本的活动,也是人类最基本的需求之一。它是双方借助语言或非语言符号相互交换观念、感受、态度、情感等内容的双向互动过程。人际沟通在本质上属于符号互动。根据沟通媒介的不同,对沟通进行分类,可以将沟通分成两个类型:首先,语言方面的沟通,如借助于电话、信件、会议等方式展开的沟通;其次,非语言沟通,指的是利用表情、身体、姿势或语气等方式展开的沟通。可以把个案工作理解成思想政治教育工作者和思想政治教育受教育者之间展开的交流与沟通,个案工作也属于人际沟通形式的一种。思政教育工作者在进行个案工作时,把握相关原则与态度,将有助于人际沟通进行有效认识并解决学生的问题,提高工作成效。

(2)个案工作的会谈

个案会谈作为人际沟通的一种特殊方式,主要是指思政教育工作者与学生面对面的、有目的、有计划的专业谈话。会谈是个案工作最重要、最常用的技术,是工作者了解学生的有关情况并与之建立专业关系,以便为学生提供帮助的主要手段。会谈的有效与否,将直接影响整个工作的实际效果。

会谈的准备工作:第一,场所准备。个案会谈通常情况下会在一个安静的封闭的让人感觉温馨的会谈室中进行,这样的环境可以让思想政治教育工作者和学生进行更深入的沟通。在会谈室的选择、布置方面应做到:室外环境清静不吵闹,不受嘈杂噪音的干扰;室内光线充足、空气清新,温度适宜,使会谈双方身体舒适、心情轻松;空间大小适宜,室内布置简明单纯,桌椅摆放以会谈双方呈45°角斜座为宜;会谈室应是能保障个人隐私的独立单间,并具有隔音效果。第二,时间安排。会谈的时间一般安排在办公时间内,但有时为了照顾学生的特殊情况,也可以安排在办公时间以外。安排会谈时间应注意:

每次会谈时间以 40-50 分钟为宜；不同个案的会谈时间宜相隔 15 分钟，以便工作者稍做休息，也可以使学生对工作的保密有安全感；会谈结束之后，应该利用休息时间去记录会谈中所提到的重要事项，工作者也可以记录自己根据谈话内容所推理出来的事项。第三，教育工作者的仪表整饰。教育工作者的仪表一方面要符合角色规范，另一方面也要符合学生的年龄、性别和文化程度。如果教育工作者的穿着打扮过于随便，或穿奇装异服，容易让学生怀疑其专业性，而太过郑重古板的装束，则容易给人造成难以接近的印象，不利于学生放松、倾心地谈话。因此，教育工作者的穿着打扮应以端庄大方、舒适整洁为宜，同时根据大学生的特点选择适宜的着装，让学生产生尊敬、信赖和亲近的感觉。

会谈的主要技巧：第一，表达技巧。个案会谈过程中，工作者应该掌握一定的语言表达技巧，这样才能和受教育者进行充分的沟通与交流。在人面对面的沟通和交流中，有大部分信息是通过非语言行为传递的，因此工作者在会谈中必须注意自己的非语言表达。非语言表达的技巧主要有：面部表情要轻松、自然，不皱眉头；身体姿势要舒适，采取一种开放的姿势，上身前倾，保持一种关注的态度；目光接触自然而然，不要逼视学生，也不要上下打量或眼神不定；手势要自然、松弛。语言表达的技巧包括语言鼓励，通过鼓励的方式引导学生情感的表达，语言应该相对简单干练，语言要能够被学生所理解；不要用带有情感的字眼；语言和非语言表达要尽可能一致。第二，倾听技巧。倾听包括倾听学生的表达以及对学生表达的反应，它可以协助学生说出问题，因而本身就具有教育的功能。第三，询问技巧。根据不同的目的设计问题。询问是会谈中必不可少的部分，包括开放式和封闭式两种类型。开放式询问指没有什么固定答案的提问，可以给学生一个自由、充分的空间回答问题。封闭式询问要求学生对教育工作者限定的问题进行回答，一般只要求回答"是"或者"不是"。开放式问题常用于探索问题的阶段，可以鼓励学生说出更多的信息，使工作者了解造成问题的条件。封闭式询问常用于收集一些基本的资料，有助于缩小讨论的范围，确认问题和主题。提问后要给学生足够的时间去思考。工作者不要同时提很多问题，让学生无所适从。每个问题后留一定的时间让学生思考，等他回答完一个问题后再接着提问，这样有利于学生清楚地表达自己的想法。

个案工作的访视：为了促使个案访视的顺利进行，达到预期的目的，工作者应明确访视的目标、做好访视的准备、注意教育工作者的仪表、注重教育工作者的态度。

在个案工作记录中，工作者要注意遵守以下原则：

第一，资料的完整性。为了准确地评估学生的问题，个案记录要求详细地记录学生的基本资料。

第二，记录的选择性。记录不是将和学生谈话的所有内容都详细记录下来，而应做出取舍。工作者要根据自己的专业知识和判断，选择那些客观的、有利于问题评估的资料进行记录。

第三，记录的清晰性。个案记录要求所记载的资料是清晰可读的，这就要求工作者使用准确的语言，简明扼要、书写工整地对工作过程进行记录。

第四，记录的及时性。为了避免遗忘或者混淆细节，工作者应及时进行记录。记录一般是在每次会谈后进行，因为会谈中的记录容易使学生不安，难以全神贯注地进行表达和倾听。只有那些容易遗忘的资料，才适合当场记录。

第五，记录的保密性。对学生承诺保守秘密是取得学生的信任、顺利开展个案工作的基础。记录的撰写和存放都要注意保密性，除有关工作人员以外，其他任何人都不得查阅相关资料。

2. 高校思政教育与社区工作方法的融合

社区工作是动态持续的，社区工作需要遵循科学程序，这里试图综合各方面专家的观点，将高校社区工作的实施过程，按时间序列分为四个阶段，即探索与准备阶段、制订计划阶段、采取社区行动阶段、评估与总结阶段。

（1）准备与探索阶段

思政教育工作者通常可从以下三个方面了解和熟悉学生生活：

第一，利用学生档案查阅及宿舍管理记录查阅的方式去分析高校社区的发展情况。

第二，与高校社区师生进行交谈，了解高校社区师生的生活、学习和研究状况、教学方式与师生关系，把握该高校社区的存在结构。

第三，建立卡片档案，把高校社区重要组织和机构负责人的资料登录在资料卡中，以便随时翻阅参考。

（2）制订规划阶段

为了促进高校社区建设的发展，必须制订详尽的规划。计划高校的社区社会工作属于一种社会干预方式，这种方法是一种理性的方法，是在系统分析技术的支持下解决社区的问题，并引导社区发展变迁。根据对象和范围的大小，社会发展计划又可分为整体规划和具体规划两种：①整体规划，即对高校社区的现在和未来进行总体规划。规划涉及高校社区组织与发展的全局，可以分为近期规划和长远规划；②具体规划，即对高校社区内亟待解决的问题制订出工作方案。它往往涉及一时之事，可以是整体规划的一部分。

（3）社区行动阶段

社区行动在这里特指思政教育工作者激发社区大学生行动起来，将制订的计划付诸实施。因此，社区行动是实施社区计划的过程，包括会议、宣传、人事、财政等方面。实际上，不可能完全将思想政治教育中的社区工作进行清晰的阶段划分，不同阶段中的工作内容肯定存在交叉。高校思想教育工作者在具体从事高校社区工作时，不应死守固定的程序，而应根据实际情况灵活运用。

第二章 高校思政课程教学理论

第一节 高校思政课程的教学原则

一、人本原则

（一）人本原则的内涵

人本原则，顾名思义就是以人为本的原则。"人本"这个概念在中华优秀传统文化中由来已久。古代有了文字记载以来人本原则的思想最初雏形来自春秋时期《管子》："夫勒王之所始也，以人为本，本治则国固，本乱则国危。"《管子》中的这句话充分证明了我国以人为本的思想在古代就已经得到了社会的普遍认同。而且作为儒家文化的另一个代表人物孟子也曾提出："民为贵，社稷次之，君为轻"。这显示出了人本原则在中国有着广泛而深刻的理论基础与普遍认同。而在马克思主义理论中，关于人本原则的思想也是马克思主义理论中最重要的内容之一。马克思主义将人的全面发展中分为三个主要部分，第一个部分是人的能力在整个社会中充分而自由的发展；第二个部分是人的独立性的阶段，以人类对物质的依赖关系为基础；第三部分是社会关系和人的个性的全面发展。人本原则的最重要体现就是人的自由而全面的发展这一根本目标与最终要求。

人本原则在高校思想政治教育中更着重于作为个体的人的个性的释放与发展，形成一种对人在社会中扮演了重要角色以及发挥着重要作用的肯定。这个个体不仅是指学生个体的自由发展，也是指作为教育者的教师同样也是主体之一，承担着重要的责任。思想政治教育工作坚持人本原则实质上就是坚持以人为本的教育理念，将教育者与受教育者都放在主体的地位，将马克思主义的基本观点运用到日常教学工作中，实现教学资源、综合管理、思想指导三者的有机结合，为高校青年学子树立正确价值观奠定基础。

（二）坚持人本原则的必要性

以人为本的原则自提出以来，就不断地渗透到社会的各个领域，也包括教育领域。在高校思想政治教育工作中，经过多年的实践，我们可以得出以人为本是在教学中最基本的思维导向。只有坚持以人为本这一原则，教学工作者才能在高校教育中创新出一些创新型的教育方式，同时这一理念对整个高校教育体系的完善也是非常重要的。高校思想政治教育分为很多内容，每一部分的内容都要制定相应的教学方法，而这些教学方法的制定也要严格遵守以人为本的原则，所以说坚持以人为本不仅影响着教学的大体方向，而且还对教学过程中的各个细节做出了明确的要求。因此在这样的教育背景下，我们的教育工作者也要形成以人为本的教学理念，任何一种教学方式的诞生都应该围绕以人为本进行展开。在高校思想政治教育中，教师主要起到的是引导的作用，以人为本也提倡这样的教学方法，将学生放到教育的主体地位。就这样日复一日，年复一年，教师的心中就会形成一个固定的模式，随时按照以人为本的原则安排具体工作。

坚持以人为本，从字面理解我们就能看到这里所说的人指的是学生个体，所以我们要将每个学生都培养成一个自由发展的人，而高校思想政治教育的主要目的表现在以下几个方面。第一方面是学生在独立发展的过程中要有充分的自由，并且学生发展的方向要更加的全面。马克思曾经说过，人是一切社会关系的总和，要想让一个人在社会中充分发挥他的价值，就要不断地通过实践来实现。另一方面，人在社会中生存和发展的基础就是实践。教师在教育过程中可以对学生起到充分的引导作用，而学生通过自己的学习和主观能动性改变自身，完善自身，进而发挥个体在社会中存在的价值，通过一些实践活动，对周边的自然进行改造，或者是满足自身的生存和生理需要。但是要想达到这些教育目的，是需要一定的社会关系的，而教师与学生之间就是一种社会关系。随着时代的进步和科技的发展，我们的生产力水平也在不断地提高，因此人类的实践能力也随着社会的发展而进步。坚持以人为本，通过社会实践来摆脱环境的束缚以及克服各方面的困难，就成为自由而全面的发展前提。高校思想政治教育属于上层建筑思想，因此这方面的教育工作一定不可忽视，未来的共产主义社会需要接班人，而教育工作者所要做的就是引导学生引领人类的生存与发展。

（三）坚持人本原则的途径

1. 双主体地位的业内共识

首先要尊重教育者的主体地位。在思想政治教育中，教师扮演了一个举足轻重的角色，虽然在大学阶段众多学生已经生理上成年，他们朝气蓬勃，勇敢上进，但与此同时他们同样也是一个意志力较为薄弱的群体，世界观人生观、价值观还未完全扩充完整。如果没有在教师正确和合理的引导下，很容易在意识形态上产生偏差进而对个人甚至学校和社会产生严重的负面影响。高校思想政治教育就是要发挥出教师的引导作用，充分了解学生的成长环境以及人生经历，尊重其个体的独立与个性，将理论方法逐步以学生所能接受的方式进行德育教育。其次当然而也要尊重学生作为主体之一所产生的不可忽略的作用。思政教育工作者必须让学生意识到自己的主体作用，使其产生强烈的主体意识，在日常学习和生活的交流中逐步培养起学生的自觉学习态度，真正做到心中有律，行动有规。只有在业内达成教育者与被教育者双主体地位的共识，才可以让思想教育理论不断地得到创新与发展，加强思想政治教育在现实生活中的实践作用，使主体之一的受教育者成为我国社会主义现代化建设的中坚力量。

现今时代是大数据人智能的时代，各种科学技术层出不穷。思想政治教育作为教育体系中极为重要的一环同样也需要跟上时代潮流，利用科学技术是相对教学方法的创新与发展。先进教育必须更注重培养能力，但是能力必须与自身知识体系结合在一起才能发挥更大效用。所以努力做到知识与能力的结合才能在科技时代实现科技与教育的创新发展。要想让思想政治教育的实效性得到提升，教育者一定要将自己置身于科技发展水平不断推进的历史发展进程中，做到因势而新。同时紧跟国际趋势，对于国内、国外思想政治教育工作的新方法与手段应该进行时刻地关注。正确认识我国与其他西方发达国家之间的差异，全面的、客观地认识当代中国教育环境，并与国际接轨，不断提升自身教育的质量与水平。在教育手段上的创新往往体现着一个学校对思想政治教育的重视程度，不断开展课外的实践活动，如田野调查或红色之旅等方式是让一部分五谷不分、四体不勤的青年学生体验当代中国与近代积贫积弱备受屈辱的中国最直接的方式，也是历史与现代的一次跨时空连接。还有线上慕课等大量利用网络平台衍生出的全新的教育教学方法，不仅创新了思想政治教育的传播模式，也合理优化了对被教育者的考察结构。基于此，各大高校更应该积极合理的利用起网络平台，对大学生进行多方引导，合理上网、文明上网，全面提高网络化时代高校学子的整体素质。

2. 建设高校立德树人教育环境

科学文化知识与人文情怀精神是高校区别于其他教育传播载体的关键所在，校园文化环境无论是对教师还是对学生都会产生极为重要的影响。高校作为社会主义建设人才输送的主要形式，积极推进立德树人教育环境的基础建设就是坚持人本原则发展创新思想政治教育。首先要把师德师风建设放在首要位置，教师不仅是专业知识的教授者，同样也是道德教化的传播者，师风师德建设是高校立德树人教育环境基础建设的最重要一环。这要求高校教师不仅要有高学历，还要具备高品德，只有这样才能对学生产生积极正面的影响，对整个高校环境起着至关重要的作用。其次是必须把马克思主义的指导作用放在首位，以科学性和革命性统一的马克思主义指导思想为主体，根据受教育者的需要开展丰富多彩、创新十足的校园文化活动，具体落实理论上有指导、实践中有规范。最后，要在校园网络平台中坚持宣扬立德树人理念，将高校人本原则的思想政治教育方法和观念合理植入学生群体心中，让他们从内心产生强烈的认同感和荣誉感，并且以自身行动积极维护校园文化环境的创建。

　　人本原则的基础环节就是受教育者作为独立个体的完整人格塑造与发展。高校教育的价值所在是源源不断地向社会输送高素质高文化的人才。面对激烈的社会竞争，高校思想政治教育人本原则的重要症结就在于，怎么样才能在校园环境内实现受教育者完整人格的健全发展。现今社会，不仅要求青年学子有更高的文化素养、科学素养，更要求其作为社会中的一个独立个体，有其完整人格的具体展现和政治态度的积极方向。高校思想政治教育就是在人本原则之下，使青年学子自信、自立、自强，不断引导和发展他们成为整个社会的优良建设者，且能在飞速发展的社会环境下做出积极应对以保证自己不被社会所淘汰，还能为社会的发展做出贡献。只有这样才能实现自己的价值，在面对未来世界挑战的时候才能够做到从容不迫。在我国的教育体系中，高校思想政治教育是非常重要的组成部分，只有在高校思想政治教育工作中坚持人本原则，将"一个主体"的观念彻底打破，充分尊重教师在教学引导上的主体作用，充分认识学生在树立正确的世界观、人生观、价值观，为整个社会奉献青年力量的主体作用，培养教师在教学中的主动创新性和学生在学习过程中的主动接受性，在科学的马克思主义理论的引领下，才能真正实现中国梦，实现中华民族的伟大复兴。

二、求实原则

（一）求实原则的内涵

1. 必须适应社会发展与人民群众客观实际

　　群众作为社会的主人，其本质是一切社会关系的总和。因此，群众个体所拥有的社会关系以及社会意识等因素，不仅会对群众思想的变化发展产生影响，而且还会对其起到制约的作用。思想政治教育对于群众个体与群体的思想转化都要加以重视，并且要重视社会风气以及舆论能够起到的作用。这就要求，思想政治教育出发点与立足点一定要是社会发展的实际以及群众的思想问题现状，不仅应该将群众看成是一个整体，在相同的起点上进行教育，又应该对千差万别的群众思想问题深入细致地进行研究，并对其加以解决。这样一来，就能够让理论与实践紧密地联系起来，让思想政治教育本身的针对性以及有效性得到增强。要想能够对群众思想发展变化的规律有准确的了解与掌握，那么就只能与实际紧密贴合，做好与之相关的调查研究工作，让思想政治教育的针对性、系统性以及创造性不断得到增强。

2. 思想政治教育必须与利益引导相互结合

群众的思想、行动都与自身利益密切相关，利益是群众进行生产及一切活动的动因，同时也是群众思想问题产生的根源。马克思主义的基本原则，就是让群众对自身的利益有充分的了解，并且让群众团结起来，为之进行奋斗，所以应该讲群众利益作为着眼点进行思想政治教育。从利益导向上看，社会中一切人的关系都是利益关系，社会矛盾之所以会产生，就是因为在利益上存在着差异或者利益是对立的。执政党如果想要将人心凝聚起来，让矛盾得到协调，从而形成强大合力，其坚持的利益导向一定要是正确的。利益导向正确，社会不同阶层和群体就会从根本上协调一致，能够共同行动和增强社会合力。在我国，国家、集体和个人利益从根本上就是一致的。思想政治教育的主要任务，就是引导人们认清这种一致性，为共同利益而奋斗，并且在奋斗的过程中让自我价值得到实现。毋庸置疑，个人、集体与国家的利益是不可分割的。在三者统一的关系中承认和尊重个人利益，是马克思主义的观点，也是思想政治教育工作的"求实"原则的要求。

3. 思想政治教育工作要有求真务实的作风

求真务实是党的优良作风的集中体现，也是思想政治教育工作必须坚持的。思想政治教育工作者必须养成求真务实的作风，把求真务实、言行一致作为自己思想和行为的重要准则。要做到求真务实就要不唯上、不唯书，实话实说，实事实办，少搞形式，不尚空谈。要爱岗敬业，把工作当事业干、当学问钻，既练"唱功"又练"做功"，勇于探索、创新。就是以身作则，率先垂范，要求别人的自己首先做到，以自身的模范作用教育群众，引导群众，激励群众。

（二）坚持求实原则的必要性

首先，由于我国社会主义市场经济的不断完善，我国社会的政治、经济以及文化等方面都发生了前所未有的改变，人们的人生观、价值观、道德观、思维方式、行为规范等各个方面都发生着变化，以致在思想政治教育方面出现了一些矛盾：一些传统的思想政治教育方法已不能适应群众现在的思想；传统的思想道德规范与群众的思想实际不相适应。同时，思想政治教育注重的知识灌输理论，在整体素质教育方面比较缺乏，导致了思想增值教育不能与现实需要相适应。要想让这些问题得到解决，就一定要在进行思想政治教育创新的时候坚持求实原则，从而让新形势与新发展产生的需要得到满足。

其次，从思想政治教育的作用看。在新时期，创造价值就是思想政治教育最大的价值。总而言之，思想政治教育可以对劳动者个体和整体素质的提高发挥独特的作用，让生产力得到解放与发展。

最后，从增强思想政治教育的实效性看。增强思想政治教育实效性有两种含义：一是提高目的性，即要以党的指导思想为指导方针，坚持党在社会主义初级阶段的基本路线、方针、政策，遵循党的关于建设社会主义精神文明的指导思想、原则和方针，使思想政治教育保持正确的方向。二是增强有效性，即要在实践中讲求实际，实事求是地进行工作，让人们形成正确的思想和价值取向，提高观察、分析以及解决问题的能力，以此将工作的积极性、主动性以及创造性激发出来，让精神力量能够转变为物质力量以及财富。

（三）思政教育求实原则的当代启示

1. **用求实原则引领高校思政课创新**

对于思想政治教育来说，进行的主要渠道就是思想政治理论课，高校思想政治教育传授的知识应该是生动活泼的，而不应该是死板的知识，应该始终坚持实事求是，从学生的接受能力出发，可思想政治教育的内容具有时代性、具体性，所以，在不同的时期，进行思想政治教育的内容也应该是不同的。并且，高校的思想政治理论课不能单凭思政课教师对学生的课本的理论知识灌输，要结合现代化的多媒体教育教学方式，在教育教学中与学生发生教育主客体的互动，提高学生对理论课知识的接受性，以此让思想政治教育工作更加具有实效性。

2. **用求实原则营造高校的学术氛围**

实事求是是学术研究所遵守的基本原则是学术的第一要义。因此，高校需要在学术领域真正贯彻求实原则，实事求是地对待学术成果。为高校营造健康良好的学术氛围。高校要用求实原则指导学术态度端正。在进行高校思想政治教育工作的过程中必须要坚持求实原则，加强高校师生学术道德教育，强化学术规范教育，学术诚信教育、科学精神教育、学术法制教育，保持学术的健康发展。

3. **用求实原则指导高校"全员育人"**

首先，高校要以实事求是为原则，进一步完善思想政治教育的领导与制度，把求是原则贯彻到思想政治教育教学以及日常的工作中，不仅应该反对所有的形式主义作风，也要反对任何形式的弄虚作假，进而促进思想政治教育的领导与制度完善，提高高校思想政治教育工作的有效性。

其次，高校思想政治教育工作应该依靠全体教职工，而不能仅仅依靠思想政治理论课教师或专业课教师。提升高校全体教职工的育人意识，要以实事求是为原则，充分考虑高校教职工的人群特点。一方面，要选择合适的载体，利用各种现代化科技手段提升高校教职工的育人意识；另一方面，高校要以实事求是为原则对全校教职工的思想态势进行调研，通过对他们思想现状的准确把握，有针对性地提高他们的育人意识。

最后，在求实原则的指导下进行高校校园文化建设。一方面，高校要以求是原则提升校园物质文化水平，提升校园形象与风貌，对和谐的校园文化氛围进行营造，使学生在潜移默化中接受文化教育；另一方面，高校要以求是原则提升校园精神文化水平，经常开展校园实践活动，从而让给学生的综合素质得到提高。

三、灌输原则

（一）灌输的内涵

灌输的教育方式之所以会让人产生一定的偏见，主要是因为它的字面能够使人产生曲解。大部分人所认为的灌输就是将某些知识或者某些事物强行传达给某个人，强制让他接受。实际上在马克思主义理论体系中灌输的内涵是容易被人误解的，灌输的真正内涵是马克思主义政党在宣传社会主义思想过程中所用到的一些教育行为，或者是日常宣传行为等等，通过这些社会实践来将马克思主义思想传播到人民群众中，进而帮助他们形成正确的世界观。马克思主义所宣扬的灌输，其实就是将人民群众的大脑武装起来，引导人民群众为了理想而奋斗，在科学理论的指导下不断地进行实践活动，提升自身的价值。

（二）坚持灌输原则的必要性

1. 高校思想政治教育的本质要求

在历史发展的长河中，可以看到，任何阶段的统治阶级，都会要求学校培养出来对本阶级意识形态有利的人才，因此在教学的过程中，学校要对本阶级的意志进行灌输。在社会主义思想的引导下，思想政治教育的本质要求就是要通过合理合法的教育教学手段，对当代大学生灌输马克思主义，毛泽东思想，以及中国特色社会主义理论。在灌输的过程中，可以结合教学的实际情况对教学方法以及教学过程进行适当的规划，更好地引导他们提高自己的思想政治觉悟，有利于认清自己和社会现实。

2. 高校思政教育的迫切需要

当代社会的发展速度十分迅速，世界各国也在进行大发展以及大变革，在开放的思想文化背景下，有很多西方的思想文化也会渗透到我国的事业中在文化交流的过程中，我们要引导大学生合理选择思想政治学习需要，不断的巩固马克思主义意识形态在他们心中的地位。当代大学生是国家建设和发展的未来，他们在建设祖国方面一定要有伟大的建树。因此在中西方思想文化交锋的过程中，一定要始终坚持马克思主义，毛泽东思想和中国特色社会主义理论体系，进而实现中华民族的伟大复兴，将自己的学习过程与党和国家的前途命运挂钩。从当前的实际情况来看，青年大学生的思想政治觉悟还是非常健康和积极向上的他们对一些国家大事或者政治问题都有明确的辨别是非能力。因此高校在进行思想政治教育的过程中，整体的教育方向是没有问题的，在思想的灌输过程中依旧需要保持原有的高度，结合一些创新的教学手法激励大学生对思想政治教育的学习兴趣。在教学过程中结合马克思主义理论的观点和立场，对西方的反马克思主义错误思想进行合理的批判，也是教学的迫切需要，这样可以让当代的大学生自觉抵制西方的敌对势力，更有利于他们认清世界形势，对于一些想要分裂中国的邪恶势力进行有力的批判。始终坚定中国共产党的领导，努力做一个合格的社会主义事业接班人。

（三）坚持灌输原则的途径

1. 灌输的内容要有针对性

对于大学生思想政治教育工作，灌输的一定要是具有针对性的内容，有利于培养高素质、自主性、批判性的人才，现阶段，一定要把灌输内容的重点放在对大学生思想认识以及现实问题的解决方面，对社会当前普遍重视的热点话题进行辩证、客观、科学的揭示，借以指导大学生的思维能力，培养其更加深入的分析能力。在培养大学生知识水平的基础上对生活实践能力进行提高。这样有助于提高灌输原则的感染力和说服力。

2. 灌输的内容要正反结合

随着经济全球化的逐渐深入，我国社会呈现出转型局面，形势复杂，给大学生的成长带来困惑和迷惘，如果只是单纯地使用正面灌输的教育，那么就会显得苍白无力。所以，在进行灌输教育的时候，可以适当地穿插反面材料。不能一味地回避社会转型时期面临的巨大困难。这样的灌输更具说服力以及可信度，学生接受起来更加容易。

3. 灌输的方法具备多样性

灌输原则在实施过程中必须坚持教育模式的启发和引导作用，不能强制的硬灌。随着当代大学生思想意识的独立，竞争意识的增强以及法律意识的提高，自主性也大大增强了，要实现灌输的作用，在灌输实施的方式方法上必须要与时俱进，不断创新。做到理论与实践相统一，扩大灌输的覆盖程度，重视灌输进行中显性与隐形相结合的方法，提倡形象、环境、行为、校园文化、舆论、网络媒体以及时间等多种灌输方式相结合的模式。将灌输原则充分融入管理、文体活动、校园文化以及网络媒体之中，对大学生的思想意识造成潜移默化的影响。

灌输不仅是实施思想政治教育的主要途径，也是社会文明传承的重要渠道。有些人认为灌输原则只适用于知识水平较低的人，因为大学生有自学能力，灌输原则是不适用的，他们可以通过自己的学习和生活来修养公民行为和道德。但实际上，自我教育和灌输的原则并不矛盾，两者相辅相成，相互促进。自我教育和灌输的基本目标是相同的，灌输最终必须通过自我教育来理解和消化。此外，自我教育还以灌输原则为基本条件，否则自我教育将缺乏正确的引导。灌输原则以其系统性、目的性以及正面性使学生在自我教育的过程中避免了随意性以及零碎性，有利于克服认识和理解上的误区。如果一味地否认灌输原则的重要性，就等于否定了教育的必要性。

4. 灌输客体具备主体能动性

高校在开展思想政治教育的时候，进行灌输的主体是教师，因此教师应该具备诱导性和能动性，占据主导地位。但是，大学生虽然是灌输的客体，也需要增强独立意识以及自主意识，具备相应的主体能动性。由于大学生人格独立、重视自身感受、崇尚自我实现，因此，主体能动性更能激发大学生的自觉学习和研讨精神，实现自我教育，乐于接受灌输。只有不断实现客体的能动性，灌输的价值才能得到提升。反之，如果不注重大学生主体性的发挥，使其思想和行为受到抑制，教师在灌输原则实施的过程中只注重自我为中心，灌输原则的目的就不容易实现，不利于大学生潜能的发挥。

四、心理相容原则

（一）心理相容原则的内涵

1. 心理相容原则的含义

心理相容是一种群体特性，是指群体中各成员之间由于理想、信念、观点一致而形成的一种融洽的心理交往状态，是良好人际关系在人们心理上的反映。每个人都是独立的个体，由于所处社会环境不同、社会经历各异以及认知水平参差不齐等，个体之间存在一定差异，主要表现在能力、思维、兴趣爱好、性格和气质等方面。在实际生活中，个体之间又有着相互联系、相互依存的关系，只有承认自身与他人的差异，做到相互理解、相互包容、相互信任和相互支持，个体之间的关系才能呈现出良好的发展趋势，社会也能和谐发展。心理相容是实现个体之间"你中有我，我中有你"融洽关系的前提和保证。单独的个体只有在充满信任、理解、包容和情感交流的心理环境中，才能激发其主观能动性，使其更具活力、创造性、创新性，更能以乐观健康的心态面对生活、学习以及工作，实现自身价值。个体之间只有心理相容，才能创造一个积极的心理环境，从而将个体的力量凝聚在一起，集中力量实现集体的奋斗目标。

2. 思政教育中的心理相容原则

思想政治教育中的心理相容指的是教育主体与教育客体之间不存在心理屏障，认可彼此的个人能力，接受和尊重彼此的思想观念，理解和支持彼此的个性特征，形成心理和谐一致、情感相融相通的心理状态。思想政治教育要想取得良好的成效，其基本保证和前提条件就是教育者与受教育者之间要心理相容。假如教育者与受教育者之间可以相互信任与理解、包容与支持，那么教育者就能充分了解教育对象的所思、所想、所忧，从而采取科学有效的措施为教育对象排忧解难；教育对象也能够明白教育者的良苦用心，自愿接受教育者的教育引导，进而让思想政治教育工作的实效性得到提升。相反，如果教育者抱有偏见，对待教育对象的时候采用的态度比较生硬，或是教育对象怀疑和不理解教育者，甚至对教育者有反感心理，就必然会导致思想政治教育工作没有办法顺利地开展。

（二）坚持心理相容原则的意义

1. 有利于营造良好的心理氛围

在思想政治教育中，心理相容原则促进了教育者与大学生的相互理解、相互信任、相互依赖，形成了融洽、交流无障碍的师生关系，营造了良好的心理氛围。大学生在与教育者进行交流时，双方关系融洽，没有歧视、猜疑或矛盾，就能敞开心扉畅所欲言，说出自己所思、所想、所忧，为教育者全面掌握大学生的思想动态提供便利，让教育者可以在思想政治教育过程中因材施教，从而让高校思想政治教育工作更加具有实效性。

2. 有利于教育主客体充分发挥主观能动性

一方面，心理相容使大学生保持积极乐观的心理态度，不论是在生活上、学习上，还是在未来的工作中，都能充分发挥自身的主观能动性，激发思维潜能以及学习热情，促使他们积极主动地接受正确的引导，提高他们的学习效率和学习质量，让他们的学习更具创造性、包容性和多样性，在实现个性发展的同时实现自我价值，进而获得心理满足感和成就感，形成一种良性循环。另一方面，教育者看到大学生在自己的引导下，以积极乐观的态度面对生活、学习和工作，也会获得满足感和成就感，进而激发教育者的主观能动性，继续以热情乐观积极的态度投入教育工作。

3. 有利于消除大学生的逆反心理

大学生的世界观、人生观、价值观正处于发展期和形成期，对问题的了解并不全面，常常只知其表象而不知其本质。再加上大学生的个性强，自我管理能力差，常常以自我为中心，当自己的一些做法不被家长、教师、朋友所理解和信任时，就会产生消极对抗的情绪，出现逆反心理。在开展思想政治教育工作的时候运用心理相容原则，教育者会主动关心、信任、尊重、爱护大学生，让他们感受真诚的人文关怀和情感温度，触动其内心，让大学生能够对其产生信赖感，对于教育者进行的正确引导愿意主动地接受，并且能够听取不同的意见，消除大学生的逆反心理。

（三）运用心理相容原则的必备条件

1. 教育者与教育对象价值观的接受和认可

心理学中的相似性原理指的是拥有大致相同或者较为相似的观点的人，能够更容易理解，吸引彼此，生活中大多数人喜欢接近有相同观点的人。教师和受教学生如果在信仰或者价值观等方面有较为相似的地方，就会使他们有一种"彼此相像"的感觉，这样，他们在心理上就能理解彼此，易于接受彼此。在这种情况下，教师应主动通过开展各种活动接近学生，让他们自觉地在各种实践活动中形成符合社会需要的思想观念，这样形成的思想观念比空口说教更有效。

2. 教育者应具备良好的人格魅力

与个性品质经济、科技的发展，社会的进步，使得传统意义上的权威受到挑战，教师的知识储备如果不足，会导致失去教育的权威性，学生的信任感。此外，教师不仅应该提升个人的能力素质，还应该提升个人魅力，拥有良好的个人品质。教育者是教育实践的指导者，榜样的示范力量会使教育者像一块磁铁吸引着受教育者，从而引导他们的言行，所以教育工作者要时刻重视自我教育的作用。教育者的道德素质和个人能力应该符合教育工作者的期望。否则，教育效果将大大降低。

（四）实现师生心理相融的路径

1. 教育者要提高自身修养

教育者是大学生树立正确世界观、人生观、价值观和全面健康发展的引导者及保障人，只有做到思想境界高、政治立场稳、道德品质好，才能吸引、感染大学生，使其信服，愿意接受思想政治教育。同时，教育者要具有良好的个性品质和美好的外在形象。若教育者对待学生做到真诚、热情、通情达理、善解人意，外在做到仪态大方、行为举止得体，那么学生自然愿意与教育者交往交流。这时教育者再通过交流给予学生思想启发，丰富其情感，满足其心理需求。除此之外，在进行思想政治教育的时候，教育者有教育主体与教育客体的双重身份，在开展教育的同时接收学生的反馈，根据反馈改进自身不足，不断完善自我，促进教育方式方法和教育内容与时俱进、与生俱进，实现教育者与大学生的心理相融。

2. 建构平等民主师生关系

在开展思想政治教育工作的过程中，教育者要放下高高在上的教师形象，以朋友、亲人的身份出现在大学生面前。只有在师生双方处于一种平等和谐的关系下时，大学生才会感到轻松愉悦，没有心理压力，乐于与教师坦诚地沟通交流，说出心里话。在生活上，教育者要像亲人、长辈一样主动关心大学生，让他们在充满爱意的家庭中成长，使其对教育者产生心理信赖感。在学习上，教育者不仅是教师，还是学生的朋友，要主动帮助大学生，做一个真诚的倾听者，适时给予学生正确的指导，让他们产生心理依赖感，化解对立情绪和逆反心理。

3. 发挥学生的主观能动性

对于思想政治教育工作来说，实践活动是其第二课堂，教育者应该有意识地对实践活动进行组织，并且应该积极参与到其中，通过实践活动，使学生能够领悟理论知识，并对其进行运用，对实际的问题进行探索，并且加以解决，同时实现自我价值，将学生探索真理的欲望激发出来，发挥其主观能动性，使学生积极投入学习，补足自身的短板，全面健康地发展。教育者可以与大学生一起策划、一起讨论，确保实践活动的可行性、安全性、实用性，做到与学生同思、同做、同苦、同乐，形成一个轻松愉悦的教育教学氛围。教育者要让学生放下防备心理，增加与大学生的双向交流互动，潜移默化地传播正能量，发挥自身榜样作用，成为学生成长历程中的带头人和引路人。

第二节 高校思政课程的教学内涵

一、思想政治教育

思想政治教育是自从阶级社会诞生以来就开始存在的，这是一项关于如何指导人们形成合理思维的科学研究，它以人类思想行为的变化规律为基础，实施思想政治教育的规律是它的研究对象。人思维立场的转变过程及三观的形成对于思想政治教育学科的研究至关重要。对思想政治教育从事者的素养进行研究、探讨思想政治教育怎样渗入到各行业领域中，使得学校、家庭、社会三方面相互促使形成一股合力，从而完成教育目的；人们思想行为活动的规律也是思想政治教育学的研究对象之一，互相制约的、富有周期性的运动，构成了人类思想活动。思想政治教育的实施规律也是思想政治教育学科的研究对象，改变导致需要产生的客观外部条件、研究明白人类的需要更改动机、控制行为的做法，是思想政治教育重点规则之一。不同形式的政治教育在政治方向、政治内容和应用方面存在着差异。从演化过程的角度来看，政治工作、思想工作、思想政治工作、思想政治教育、政治思想工作是密切联系在一起的，因为在实际运用中人们长期将它们当作相同的概念。在党的领导过程中，有相当一段时间内中不同的思想政治教育方法都在被应用,但是在情况不同的时期,教育方法应用的侧重点也是不同的。

而在学术界是没有一个对于思想道德教育的标准定义的。一部分学者认为,思想政治教育重点在于政治,其教育的根本目的是实现社会政治化,这部分人的研究对象重点放在政治思想、政治观念和政治行为修正和培育上;还有人指出,道德是其研究的侧重点,如何增进人的道德品质和道德修养、使其形成高尚的人格,才是思想政治教育的重点;另一部分人认为上述两种和心理、道德方面的教育都属于思想政治教育,该观点就属于较宽泛的定义。

二、高校思想政治教育

思政理论课程是有效贯彻落实立德树人这一根本要务的重要课程。思想政治教育属于教育实践活动,而按照一定要求和需要培育符合标准的社会成员的过程叫作教育。总的来看,思想政治教育分为两类,广义和狭义。狭义方面主要指学校内的教育,正确且有计划地培养青年们的思想政治品德、政治素养、政治水准和心理健康,让他们符合所要达到的社会标准,高校为达到此目的展开的一系列思想政治教育活动,这是高校思想政治教育的主体。除了教授学生们专业知识和应用技能外,高等学校的另一个重要任务就是青年学生的思想政治教育。教育至上的观念原本就一直存在于新中国的发展理念中,是各大高校、更是中国共产党以及国家重要的发展指示。教育拥有针对性和指向性的双重特质,所以高校开展的思想政治教育活动是"润物细无声"。一般提升青年学生内心道德标准政治标准、并最终影响其实际生活选择的重要手段。

大学教育阶段可以说是一个人在受教育过程中最重要的一部分,是青年由学校走向社会、从学生变为社会人的重要准备阶段,是学生社会化的关键期。一个学生从童年入学到进入大学这个过程中,家庭对个人的影响功能明显逐渐减弱,社会对其的作用逐渐显著,但是青年学生又还没有真正进入社会,所以此时能对青年思想人格塑造造成最大作用的就是大学教育,影响青年学生社会发展的关键基地就是高等学校,在高等学校里受到的教育质量如何将体现大学生个体社会化健康发展上。如何培养好社会主义事业的未来建设者和党的优秀接班人、培养德智体美全面发展的优秀青年是高等学校教育的根本任务,大学生的科学文化、政治思想、道德素质直接关系着国家的命运和党的命运,也关系到中国特色社会主义建设事业的未来,关系到全面建成小康社会和实现中华民族伟大复兴目标的成败,因此,狠抓高校思想政治教育迫在眉睫,一定要坚持坚定把如何教育出政治思想良好的学生放在教学工作的要列。

高等学校对青年的思想政治教育往往体现在"德"上。高等学校德育的任务是用马列主义、毛泽东思想和邓小平理论、"三个代表"和中国梦重要思想作为理论基础,教导青年沿着社会主义方向建立起科学的世界观和良好的人生观，培养优良的思想道德人格，将马克思主义的"三观"作为思想支持，使学生具备成熟的认识世界、改造世界的能力，督促使得所有青年成为具有崇高理想、高尚品德、优良文化、纪律鲜明的社会主义建设后备力量。

在中国，高校思想政治教育有近几十年的历史，已经是比较完善的教育工作体系了，注重的就是在道德修养层次对学生的培养，这也是为什么很长一段时间以来，思想政治教育都被称为道德教育。因为处于大学的青年人是最有活力的一个群体，思维尚未定型，具有很强的可塑性，且受教育的程度很高，所以将大学生本身的特点和大学生集体的规律充分利用起来才是思想政治教育得到良好效果的重要保障。"育人为本、德育为先"是教育思想的基石，坚持该思想的同时，我们可以将思想政治教育分为"内化"和"外化"。对于内化教育的理解比较抽象，比如在接受道德准则相关教育的时候，学生在课堂上听完，在生活中主动将接受的道德规范当作了自己行为的指导准则，潜移默化，最终能够做到将学到的东西变成自己性格和行为行事准则的一部分，这样的内化教育就是成功的。而外化教育则显得更加具体了，即将人虚拟的意识具体化、具象化、对象化、客观化，比如高校中举办的演说、组织、社团等生活活动，这些也可以很大程度上对学生产生影响。

新形势下，要把培养学生全面发展和综合实力的提高作为培养目标，核心是德育教育。在教学活动中，要分析研究学生的群体特点，小课堂与大课堂、学校与社会、解决思想问题与解决实际问题、他律与自律、灌输与渗透都要做到两手抓，要有创新精神，因材施教，从而达到最佳教育的目的。随着时代的变革，大学生思想政治教育工作已经融入高校师生们的日常，其所涵盖的内容也在不断深化。

培养四有新人是高校思想政治教育的根本任务，四有新人主要指的是将当代大学生培养成有理想，有道德，有纪律，有文化的社会独立个体，在充分提升大学生思想政治觉悟的同时，也要对他们进行道德教育。道德教育的展开，有利于增进大学生对社会的了解，进而引导他们更加的拥护社会主义理论体系，在中国共产党的引导下，坚持中国特色社会主义的发展方向，在科学的精神引导下，严格要求自己形成良好的道德观，坚持以人为本、为人民服务的重要原则是每个公民都应遵守的底线。

在高校思想政治教育过程中已经形成了相对成熟的体系，思想政治在整个教育领域占有十分重要的地位。只有让大学生认识到我国的重要指导思想，才能培养出对社会发展有利的人才。思想政治教育是一个最基础的学科，其他学科的教学也要依托思想政治教育的前提，总的来说就是高校思想政治教育能够使大学生在总体的学习过程中有一个基础的理论认识。高校思想政治教育应在实践中探寻规律和方法，对大学生的政治思想进行正确积极健康的灌输。

三、高校思想政治教育的主要任务

（一）提高广大学生内心的满足感

学生在思想政治教育活动中感受到的主观感觉是满足感，思想政治教育获得感的原动力正是学生的内在需求。

首先，学生具有显著的主观能动性以及自觉挑选性，在学习有关基础理论知识的过程中，他们并不是单纯的复制所学内容，而是在对这些知识进行消化与接受，思政教育要利用社会主义核心价值观来科学指导与引领学生，让他们产生积极向上的情绪，切实帮助广大学生树立坚定正确的理想信念，以便更好地形成良好的思维模式，进而得到心理上的认同感。

其次，由于学生在思政教育中占据主体地位，因此，他们内化的价值理念与思维模式都将体现在其实际行动上，学生不是被动接受知识的客体，而是带有强烈自主意识的主人翁。思政教育要利用丰富多彩的社会实践活动，例如组织学生参加志愿者活动、文化体育活动或是知识竞技比赛等，使其在提高个人能力与实现个人价值的同时得到满足感，切实满足学生的自身需求与全面发展的需要，提高广大学生的幸福感以及归属感。

最后，则是学生之间具有明显的差异性，他们的成长环境、喜好与性格特点等方面有着较大区别，这让学生在情感、素养、认知以及能力等诸多方面都体现出完全不同的倾向。

（二）教导学生形成正确的三观

高校教师要坚持立德树人，把其作为工作的中心环节，高校坚持立德树人的主要表现就是要提升大学生的认知和优化能力。高校想要加强思政的建设、回归立德树人，创新教育理念就是最重要的一步，首先一定要转变教师传统的观念，鼓励多样的教育思想。高校的教育对象是大学生，要全面考虑大学生的自主性，鼓励大学生发散思维，让大学生形成独立思考的习惯；其次是要转变大学生被动接受的习惯，坚持全面发展的理念，充分挖掘出大学生的潜能；最后要把中国传统文化与教育结合，充分发挥中国传统文化软实力。

（三）强调爱国主义，弘扬民族精神

在我国的历史长河中，无论是哪朝哪代必须要拥有的传统美德就是爱国。爱国思想也是对当代大学生最基本的要求，也是高校思想政治教育的首要目标。大学生作为祖国的未来力量，首先要培养的就是他们对祖国的热爱以及奉献精神，所以思想政治教育要

坚持中国共产党领导的思想，以促进中华民族的崛起为核心，依托爱国主义为教育思想，重点将思想政治教育贯穿大学生的学习生涯。国家的发展和进步体现在多个方面，引导大学生认清我国的国情，在健康成长的同时，激励他们为了中华民族的伟大复兴而努力，将来成为社会主义思想的接班人。

（四）以公民道德教育为基础的道德教育

在人格培养的关键期，大学生必须深刻认识中华民族的道德传统，充分认识社会道德建设的基础和原则，遵守公民的基本道德准则，追求崇高的道德品质，积极投身于建设社会主义的伟大事业中去，以服务人民、集体主义、诚实守信为道德准则，培养个人道德和社会公德，将道德实践活动融入日常生活，做到真正融贯于心，成为具有爱岗敬业、自强自尊自爱、热爱祖国、明礼诚信的新时代青年。

（五）以全面发展为目标开展素质教育

重视民主法制教育，教育学生养成遵纪守法的观念，将人文素质教育和科学精神教育放到更重要的地位上，培养学生形成集体主义观念、养成良好的团队合作精神，达到学生思想、道德、文化和健康的全面发展，以素质教育为基础，培养学生成为道德素质高尚、文化能力优秀、遵纪守法的社会主义者。在促进大学生全面发展的过程中，必须高度重视大学生的心理健康教育。现代社会的竞争和发展，使得大学生的心理问题日益突出，必须根据大学生的心理特点开展有针对性的心理疏导，提高大学生的心理调节能力。

（六）增强思政教育实践的互动性

思想政治教育工作从本质上来讲其实是做人的工作，要始终围绕广大学生、关心学生，并为学生提供优质服务。思政教育是教师与学生双向互动的过程，彼此应在这一过程中各自扮演好自身的角色。作为教师要向学生提供高质量的教学内容，将基础理论知识进行整理和吸收，让教学内容尽可能靠近学生日常生活，充分运用好课堂教学这一主渠道，努力提高自身的语言艺术，探寻指导与学生之间的契合点。教师要做好课堂教学的指引者，为学生提供自由谈论的空间，让学生成为课堂的主导者；构建自由探讨的平台，让学生成为课堂的主角，进而达到预期最佳的课堂互动效果。在双方沟通交流时，需要注意彼此身份的平等性，积极融入情感要素，以便推动彼此更深层的交流，在课堂活动中构筑信赖感，达到情感上的认同。

此外，为了更好地开展双方深层次交流，教师应做到实体互动与虚拟互动有效结合，拓展互动形式，加强育人过程中的生活化，让双方在实际参与中体会到愉悦感。而对于学生来说，则应增强自觉性，努力学习和内化马克思主义相关理论知识以及思政基础理论内容，进一步巩固自身理论功底，提高个人认知水平，促进知识素养的不断提升，从而得到知识方面的能力提升。学生积极踊跃地参加教育活动，和教师之间进行良好互动，让教师的供给与学生的需求之间形成强大的协同，这样可以在学习知识、提高精神境界的同时，得到崭新的价值支撑力量，产生全新的获得感。

四、高校思想政治教育的构建功能

（一）构建和完善中国精神气质

思政课教学基本范畴体现了教学理论的基本构架，其教学理论体系建立在教学范畴体系基础之上，教学范畴体系在一定程度上反映了基本教学理论体系的基本框架。只有通过基本范畴这一思维工具进行高度抽象的理性思维得出的一系列基本理论的观点才能构成思政课教学理论体系。而这一理论体系也只有通过范畴这一思维中介才能体现教学过程中产生的种种现象间的内在联系和基本规律。理论体系随着对范畴研究的不断深入，对其内容把握的精确性和科学性而变得逐渐完善。范畴是理论体系构建的前提和基础，其他所有的理论要素都要从范畴中进行推演、拓展而得到，都是隶属于范畴体系的。基本范畴是建立和完善是理论体系的重要一步。丹皮尔指出，新科学的产生都要先从现象和观念中找到最基本的概念。

思政课教学理论体系要有所突破有所创新，就必须加强对其基本范畴及其系统的研究。要有效提升教学质量，就必须要有着发达、成熟的范畴及其体系，完善教学理论体系，指导教学实践，亦即是说，范畴体系的完善度直接影响理论体系的成熟度，构成理论体系的重要标志。思政课教学基本范畴的研究还处于初级阶段，其在广度和深度上仍有很大欠缺，距离精确化、科学化还有很长一段路要走，我们要不断加强教学基本理论体系的研究。理论体系的具体内容是中国精神气质的重要体现。中国精神气质的养成是思政课教学追求的目的之一，这是由我国的社会性质和主要矛盾所决定的，基本范畴体系的形成是思政课教学的基本架构的体现及其走向成熟的标志，为构建和完善中国精神气质提供必要条件。

（二）构建社会主义核心价值观

思政课教学过程就是运用马克思主义为指导，培养大学生形成马克思主义的立场、观点等，亦即是培育和弘扬社会主义核心价值观的一个实践过程，这个实践过程毫无疑问需要理论的指导。这一教学基本范畴的构建状况这一教学的发展状况和水平有着密不可分的关系，它是思政课教学的规律的展开和体现，可以通过在对这一规律的学习掌握的基础上更好地发挥师生的主观的能动性,促进学生树立社会主义核心价值观的决心和自觉性,使这一价值观在教学过程中得到更好的培育与弘扬发展。而学生自觉树立这一价值观的成熟度与对思政课教学展开研究的广度和深度息息相关,基本范畴的研究直接影响其理论体系的构建,而学生价值观的形成与其对知识理论的认知、坚信有着重要影响,学生对马克思主义理论的认知和认可度越高,其对社会主义核心价值观的认知也就越高,那价值观的培育和弘扬工作的完成度也就越高。思政课教学改革发展不断开展,其教学实践活动的形式和内容越来越多元化,教学的针对性和实效性的要求不断提高,不同基本范畴在体系中的位置和作用也会相应发生变化,所以高校本科思政课教学理论体系会随着思思政课教学基本范畴的变化和发展,不断变化和丰富,并向着更高层次和水平发展。思政课教学基本范畴的构建方式和教学理论体系的构建方式也是相互影响的。

第三节 高校思政课程的教学方法

一、疏导教育法

疏导这个词,从字面上看,我们可以想象到水管发生堵塞需要进行疏通的社会现实。疏导教育法主要是对人民群众的思想认识进行积极健康的引导,从而提升他们的思想觉悟。对于学生而言,教师运用疏导教育法,能够在课堂中集思广益,提高他们对马克思主义理论体系的认识。疏导教育法在实践过程中主要分为两大方面,第一方面是疏通,疏通的过程就是广开言路的过程。学生们大胆表达自己的思想,发表心中的意见。第二方面是教师根据学生表达的思想,进行健康的引导,引导他们遵循马克思主义理论体系的指导思想。在循序渐进的过程中通过疏导教育法加快思想政治教育的推进步伐。

通过以上概念的归纳我们可以看出,要准确把握疏导教育法的基本内涵要从如下层面入手:一是重视"疏"的作用,疏导教育法是建立在教育双方地位平等、互相交流的基础之上的,即充分发挥了受教育者的自觉主动性,让受教育者讲出心中所想,教育者再根据受教育者具体的问题进行引导,是一种教育主体与教育客体思想、情感互相交流的方法;二是要重视"导"的作用,在教育过程中教育者要发挥主导作用,对受教育者所表达的正确思想观念予以肯定,对于不当和错误的言行进行说服教育,弘扬和宣传正确思想的方法;三是疏导教育法是一种解决人民内部矛盾的方法,应当本着"惩前毖后、治病救人"的原则进行,所以在运用的过程中主要是采取说理教育、真情感化、批评教育和循循善诱等方法进行。由此可见,疏导教育法是由相互联系、相互依存的"疏"和"导"两个方面构成的,没有疏通环节的畅所欲言、广开言路,引导就无法顺利开展;没有引导环节的利导引导、说服教育，疏导也就失去了意义和价值。

（一）疏导教育法的主要方式

疏导教育法是由"疏通"和"引导"两个方面构成的方法体系，"疏通"和"引导"都有其不同的方式。从"疏通"的角度来讲，有集体表达和个别谈话两类方式。集体表达是指针对群体性的问题让一定数量或特定组织的群众集体表达意见或看法，主要有民主讨论、干群对话等形式；个别谈话是指针对某个人的问题让个人充分表达自己的思想和意见，主要有书信表述、个别谈话等形式。从"引导"的角度来讲，以"导"的不同形式为依据能够把疏导教育法分为以下三个方面。

1. **分导**

所谓的分导也就是分而导之，是指针对某个群体或个人复杂的思想问题而采取的分散、分步、分头而导的方式。分散疏导是指针对某个群体共同存在的思想问题，通过逐个分散引导，对群体中每个成员在思想上存在的问题加以解决，以切断群体内的不良思想串联蔓延的方式，从而将复杂的群体问题化整为零、逐个击破，最终解决样体问题的方法；分步而导是针对个体思想问题而言的，导致个人错、误行为的思想是多方面的，教育者要分清主次、分清轻重缓急，要抓住主要矛盾的主要方面，充分挖掘受教育者问题产生的根源，按照一定的顺序有步骤地进行解决；分头而导是指教育者集中各种人力物力，对集中而严重的思想问题进行全方位引导的方法，要整合各种教育资源、利用有利环境对受教育者进行帮助教育，以化解受教者的情绪，解决思想的问题。

2. **利导**

所谓的利导也就是因势而导，是指教育者要善于抓住有利的时机和环境，对受教育者进行有针对性的、深层次的教育，通过及时的、生动的教育使受教育者真正理解并接受正确、积极的思想。有利的时机可以是正在发生的大事，如建国周年时，可以组织学生集体收看阅兵式，使青年学生通过对我国强大的军队和国防力量的客观了解，感受到伟大祖国的强大，深刻体会新中国成立以来党带领全国各族人民进行社会主义现代化建设的伟大成就，从而使学生自觉产生爱党爱国的热情，达到教育的目的；教育者也可以抓住某些重大的事件和节日组织开展相关教育活动，推动教育对象"知、情、信、意、行"的转化，最终形成良好的思想品德。

3. **引导**

所谓的引导也就是启发诱导，是指教育者运用"提出问题—分析问题—展开讨论—统一思想"的思路，引导受教育者积极运用头脑进行思考，并通过思想碰撞和比较分析是受教育者学会透过表面现象探究事物内在的必然的联系；通过对事件正反两方面的解析使教育对象学会用全面的观点来看问题，能够在面对诱惑时保持谨慎，面对挫折时勇往直前；通过开导受教育者改变原来狭隘短浅的认识，学会在看待问题的时候使用全面的、发展的、联系的观点，来开启受教育者的视野、拓展其思维；通过用已知的事实作为依据，使受教育者认识到不良思想导致的严重后果，以达到放弃原有的错误想法、从而走向正确思想轨道的目的。

（二）疏导教育法的基本特征

1. 重视民主平等

这是疏导教育法运用的前提和基础，也是其首要特征。民主平等首先是指在进行教育的时候，教育者与受教育者的地位是平等的，双方以平等的身份进行交流，受教育者有表达意愿和想法的权利；其次是指教育双方要进行互动，对于某特定的问题，教育双方都发表见解，对方要认真聆听并进行讨论，并就其不明白的地方进行提问、就其不同意的内容进行反驳，是一种朋友式、兄弟式的探讨；再次，教育者也要对受教育者正确地思想进行肯定，对其错误的思想进行批评纠正，是一个互相交流、互相探讨、互相提高的过程，摒弃了教育者居高临下的一味灌输，不给受教育者任何表达想法的权利的传统方式。

2. 强调主体间性

主体间性是主体间关系的规定性，指主体与主体之间的相关性、统一性、调节性。主体间性是两个或两个以上主体的内在相关性，它的基础是个人的主体性。疏导教育法的主体间性体现在教育主客体之间是相互影响、相互转换的关系。受教育者的主体性体现在可以充分平等地表达自己的意愿和问题，并对教育者的理论有辩论和选择的权利，教育者的主体性体现在对教育活动的组织和设计上，以及对教育对象正确思想的弘扬和错误思想的纠正过程中；教育主客体之间的互相转换体现在教育双方是一种交融性的存在，是一种"主体—主体"的思维模式，即是一种教学相长、青蓝互滋的和谐状态。

3. 注重人文关怀

这是疏导教育法的情感延伸，也是疏导教育法有效性的重要基础。疏导教育法要求教育者认真倾听教育对象的思想和意见，当然也包括情感层面的问题，并且要求教育者将情感内容作为核心话题与教育对象进行交流探讨，在帮助教育对象的过程中不仅是理性内容的灌输，更重要的是情感问题的疏通，只有疏通了情感才能使教育对象以良好的风貌和积极的心态来接受正确的思想。教育者要真正将教育对象当成自己的家人、兄弟和朋友，真正地关心他们、关注他们的实际问题、关注他们的发展；疏导教育法要求教育者肯定人的个性与价值，尊重并关心教育对象选择的权利，维护并支持教育对象的个性发展。

4. 突出强针对性

这是疏导教育法取得实效的基石。疏导教育法要求教育者在认真倾听教育对象具体问题的基础上进行分析辨别、归纳总结。要针对不同教育对象的不同问题采取不同的方法，具体并且实际地为解决教育对象存在的问题提供帮助；对教育对象的合理诉求应该积极地进行反映，搭建好沟通的桥梁；要善于借助各种环境、充分运用各种人力物力条件形成教育合力，帮助教育对象解决大的问题；要借助具体的典型、理想或价值给受教育者以直观的感受和刺激，使受教育者明辨是非、明确努力进步的方向，要关注受教育者个人的要求，帮助教育对象解决与自身成长和发展相关的实际问题，最终使教育对象真正得到帮助。

从疏导教育法的定义出发，就会发现与一般的思想政治教育的方法最大的不同在于疏导教育法强调对学生的分导、利导与引导，这是强调师生思想互动与交流碰撞的过程，而绝非是一种单方面、单向度的灌输。这种方法是符合学生以及社会发展的需要的。

第一，疏导教育法重视民主平等，符合师生关系的内核。民主平等指的是教育过程中，双方的地位是平等的，双方都能够平等地表达自己的想法并对这些想法进行充分的交流与互动，同时对于某特定的问题，双方都必须要都发表见解，而不是教师占绝对的主导地位。在高校以人为本，立德树人的大的教育背景之下，疏导法的这一点恰恰契合了当今学校想要构建的一种师生关系。给学生充分的权利表达自身的思想情感，摒弃了教育者居高临下灌输的这种做法。

第二，疏导法强调针对不同的学生采取不同的教育方法为解决受教育者的实际问题提供帮助，这种方法的针对性更强并且能够发挥更大的作用。疏导教育法要求教育者必须要认真倾听受教育者思想上的问题与困惑，并且在此基础上对问题进行总结梳理，帮助学生完成自身的成长。整个过程中，都十分注重受教育者自身的看法与感受。教育中，每一个个体都是与众不同的，只有建立在对学生本身个性的了解的基础上，才可以为解决学生思想方面存在的困惑提供帮助，并且与教育的基本规律相符合。也能够更高效更有针对性地对学生进行教育。

第三，疏导教育法在高校中有很大的适用性，使用起来非常广泛。疏导教育法是随着我党的思想教育的创立而产生的。可以说，疏导教育法与思想政治教育是相辅相成、骨肉相连的。运用到高校中，疏导教育法对正处于思想价值观形成关键期的大学生来说，强调对学生本身状况的关注，具有很好的适用性且易于操作因此在高校当中运用得非常广泛。思想教育工作者常常在不知不觉中使用疏导教育法对学生进行劝导，无论是专业课还是思想政治教育课，教师一般会在与学生进行交流的时候疏导整理学生的思想，与学生交流沟通。但这大部分都是在一中无意识的自主情况下使用的，而缺乏具体的训练。也常常导致很多问题的产生。

（三）发展疏导教育法的措施

1. 营造民主的制度氛围

随着我国社会主义制度的不断完善和社会经济的不断发展，我国传统的等级观念逐步被打破，在客观上也为疏导教育中教师与学生以平等的身份参与到疏导教育法中提供了有利的条件，要营造民主的制度氛围应该做到以下两点。

首先，教师在面对教育对象的时候，应该始终保持平等的态度，尊重他们的权益，让学生自我教育的积极作用得到充足的发挥。让学生能够更加积极主动地接受教育。在平等民主的氛围下，学生充分暴露自己的思想问题，提出自己的困惑，教师才能更好地解决学生的问题。学生将所学习到的思想、观念、规范纳入自己的意识体系，成为自己意识体系有机组成部分才是真正被学生所接受的。

其次，在教师与学生之间建立平等对话双向沟通的机制。可以建立网站，教师轮班在线，当学生遇到问题的时候，不管是什么时候或者处在什么地点都能与教师进行交流。设立学院短信提醒服务，每周给学生发送温馨的贴士，对学生的生活与学习起到关心的作用。公开书记和校长的邮箱，让学生可以畅谈自己遇到的问题。通过机制的建立，教师要清楚、完整地了解到学生的问题所在，把学生的错误思想拉到正轨上。平等机制的建立不仅需要教师和学生的合作，更是一种信任，所以教师要激发学生的积极性，让教师与学生共同探索民主氛围营造的方法，这样也更能符合学生的心意，更容易被学生接受。最后，鼓励和支持学生有组织、合理地表达诉求。疏导就是要广开言路、集思广益，要广开言路，就必须创造条件，让学生把各种意见讲出来。学生可以通过广播、微博等合理地表达自己的诉求。尤其是大部分学生都共同反应的诉求，学校应该积极地与学生进行沟通。

2. 创造利于疏导教育法的条件

疏导教育法的顺利开展需要一定的物质基础，学校要为疏导教育法的开展提供良好的场所、给思想政治教育课程提供合理的课程安排，为思想政治教育课提供新兴的技术和设备。首先，学校需要为疏导教育法的运用提供固定的场所和固定的时间，方便师生间的交流与融合，学校也要为疏导教育法的运用提供不固定的场所和时间，对于一些突发的问题，矛盾尖锐的亟待解决的问题能够灵活地处理。其次，学校需要为疏导教育法的运用安排相应的课程。每一个方法都有自己的理论知识，有自己的专门概念、范畴和术语，因此在操作方法之前需要对理论进行学习，了解疏导教育法的概念、表现方式、形成原因等等。在对基本的疏导教育法有了了解后，教育者应更加深入地研究疏导教育理论，组成课题小组，在理论成功的前提下，加以实践，从而推进疏导教育的发展。学校要为疏导教育法的运用提供新的技术和设备。如今，几乎没有学生不接触电视、网络的，所有的学生都不能离开它们，有甚者已经对它们产生了依赖，与各种传播媒介"为伴"已经成为学生生活与学习的不可缺少的方式。学校就是要利用现代学生的这种特点，顺应学生的爱好，在学生的爱好和习惯中贯彻疏导教育。

3. 创新疏导教育法的方式和载体

教育者需要对自己在实践中形成的疏导教育方式进行及时总结，提高对疏导教育的理解，有效地运用疏导教育法。教育者可以加强疏导教育知识和心理学知识的结合，了解高校学生的心理特点，从而跟学生进行更加有效的交流。教育者可以用马克思主义理论教育学生具有高尚的思想道德情操，积极乐观的态度，革命探索的精神。教育者可以加强网络技术的运用，从而扩大疏导教育的应用平台，拓宽疏导教育的应用范围。随着社会经济的发展，传统的书信、面谈，在教育中发挥的作用越来越受到限制，学生也不愿意接触，教育者应该在疏导教育法中加强对于新科技的应用，包括建立局域网络、开通教师问答专线、手机短信温馨提醒等新科技手段。

二、榜样教育方法

（一）榜样教育法的定义

榜样教育法是指树立先进典型，以先进人物的先进思想与事迹为榜样，对人们进行教育，提高人们的思想认识、道德素质和政治觉悟的一种方法。在德育教育中，榜样教育法能够发挥巨大的作用，具有示范性、生动性和激励性等特征。教育者要想自己的教育获得更好的结果，就必须要对上述特征有充分了解，将受教育者本身的积极性激发出来，并且对受教育者的潜能进行挖掘。在恰当的时间采用适度的榜样教育法，对于教育者的个性发展与个人素质的提高可以起到促进的作用。但是，如果过度地使用榜样教育法就会导致受教育者产生心理疲劳，产生的效果与预期的效果。

相反，有任何价值可言。传统思想政治教育采取的大多数都是社会化的育人模式，只重视为经济的发展提供服务，但是却对个体发展的诉求熟视无睹。所以，要想让个体身心发展的需要得到满足，对人文理念进行完善，以此让受教育者的综合素养得到提升是必不可少的。

(二) 强化榜样教育法运用的途径

1. 发挥大学生自我教育的作用

学校要净化校园网络环境,营造健康的网络学习榜样氛围。随着科技的快速发展,互联网已经全方位渗透到大学生的日常生活当中。大学生身处的校园环境不仅包括实体的校园环境,还包括虚拟的网络校园环境。目前,各大高校几乎都有内部的网络共享平台,比如官方网站、微博、微信公众号等。互联网传播的广泛性、快速性、盲目性等特点都对校园网络环境的健康度产生一定影响。学校要充分发挥互联网的积极作用,利用网络宣传正面典型的积极影响。

(1) 提升对榜样的认同

首先,大学生要加深对榜样的深层认知。一方面,大学生要关注不同类型、不同层次的榜样群体,不同类型层次的榜样闪耀着不同色彩的光芒。除了要学习和了解与自身联系密切的榜样群体,大学生也要加深对其他层次榜样的了解,接受多种榜样精神的熏陶,促进自身的全面发展。另一方面,大学生要通过多种途径全面、完整地认识榜样。媒体对榜样的宣传和报道往往是弘扬其主要的精神品质,大学生要深入挖掘榜样事迹和榜样行为,要不断提高判断是非的意识和能力,避免因为认知的片面性而产生对榜样的误解和扭曲。

其次,大学生要提升对榜样的认可。党和国家对榜样进行评选和表彰,是由于其对国家和人民做出了巨大的贡献。社会对榜样精神进行宣传和弘扬是因为其代表了社会主义核心价值观,代表了社会主流价值方向。大学生群体要对做出巨大贡献的人们给予鲜花和掌声,坚决反对攻击和侮辱。青年大学生要自觉避免不良文化思潮的影响,坚定社会主义理想信念,加强对榜样人物和榜样精神的认可度。

(2) 用行动践行榜样精神

广大青年要把正确的道德认知、自觉的道德养成、积极的道德实践结合起来,自觉树立和践行社会主义核心价值观,带头倡导良好社会风气。

一方面,大学生要积极参与校内榜样教育实践活动。高校是榜样教育的主阵地,也是大学生成长和发展的主要平台。大学生要积极响应学校的号召,用行动支持榜样的宣传教育活动。积极参加校内榜样的评选和选拔活动,促进榜样选拔机制的民主性和透明化,发扬自身的主体性作用。支持和协助学校组织的榜样宣传活动,了解榜样事迹,学习榜样精神。尤其是党员学生干部要充分发挥示范引导作用,在学习生活中坚定理想信念,关心其他学生的生活与学习,并且在他们遇到困难的时候,为其提供帮助,成长为道德与品质都优秀并且乐于助人的学生榜样。

另一方面，大学生要乐于参加社会上的榜样实践活动，自觉在生活中发扬榜样精神。大学生不仅成长在高校环境中，更扎根于社会大环境中，是社会的一员。要积极响应国家号召，参与学榜样的社会活动。积极响应国家政策，敢于到基层服务国家和人民，敢于在艰苦的环境中彰显自己的价值，大学生只有在奉献社会中才能真正实现自己的个人价值。

2. 形成尊重和学习榜样的环境

（1）家庭教育父母要做好榜样

家庭教育要注重家教。模仿是人的天性，榜样教育法更是依据人的模仿心理。家庭教育中父母要做好孩子的表率，担负起教育孩子的重任。上行下效，父母遵纪守法，孩子便不会罔顾法律；父母勤俭持家，孩子便不会铺张浪费；父母知书达礼，孩子也会文明礼貌。父母应该用实际行动对孩子进行教育，让其能够践行社会主义核心价值观，并且引导他们热爱祖国、热爱人民，传播优秀中华民族传统美德。

（2）营造浓厚的校园榜样教育环境

学校榜样教育宣传要常态化、多样化。榜样教育法在高校思想政治教育中的运用应该在日常的校园活动中就有所体现，而不是仅仅体现在思政课程上。榜样教育的各个环节应当在高校活动当中常规化。组织学生参与榜样的选树和宣传既可以营造良好的氛围，又可以增强大学生对榜样的心理认同感和崇拜感。常态化的学习宣传榜样活动可以降低榜样教育的政治性和官方性，成为大学生自己的实践活动。榜样教育活动要打破传统自上而下的宣传模式，发挥大学生的主动性和积极性。学校还要支持思政课堂实践活动、学生会社团的课外活动，鼓励实践教学。

（3）政府要健全学习榜样的激励机制

政府首先要做好榜样正当权益的保障机制。榜样人物最基本的权益必须受到社会和群众的尊重和维护，这也是对榜样最基本的尊敬。政府要做好榜样人物的权益保障，从制度上保护榜样的正当权利，从根本上给社会大众一剂"定心药"。"替代强化理论"为榜样奖励机制提供了重要的理论支撑。该理论认为，模仿者会因为看到榜样受强化而受到强化。如果学习者看到榜样主体因为榜样行为而受到表彰或奖励，那么他就认为自己也会得到奖励；如果看到榜样主体因为榜样行为而受到损害，那么就会认为自己也会受到损害。政府给予榜样行为的鼓励和奖励会成为一种积极的诱因，增加社会其他成员学习榜样行为的频率。

三、言教与身教结合方法

（一）思想政治教育的言教

品质的选择既离不开理智和思考。也离不开伦理品质，因为不论是好行为还是坏行为，都是思考和习惯结合的产物。而个体所接触或接受的理论、观点以及社会所提倡的价值标准无疑对"思考"的内容以及"思考"的结果产生着重要影响。也就是说，他人及社会中的各种言教对个体采取某种行为前的"思考"有着重要影响。

（二）思想政治教育的身教

俗话说桃李不言，下自成蹊。教育者的言教固然重要，但它与身教这两者之间并不是不分伯仲，而是身教重于言教，其主要原因是对真理进行宣传的人能够对真理执行到什么程度，能够对人们对真理的相信程度起到决定性作用。榜样之所以能成为教育者德育方法的精髓，主要在于道德最深刻的本质，即社会契约。道德是社会建立或认可的关于每个人应该如何行为的社会契约，它是对每个人的行为的规范和约束，是对每个人的自由和欲望的一种压抑和威慑。思想政治教育中倘若教育者能够身先士卒地践行道德规范，那么受教育者非常容易在情感上与之产生共鸣，道德升华欲和想成为有德的人的意识也会得到加强，从而克服其他相互矛盾的感觉和欲望，从而触发遵守道德的实际行为，甚至有意识地修行多年，成为一个有德行的人。

教师的"尊严"其实就是在自己言谈举止、所作所为，被同学们充分肯定的基础上树立起来的；在坚持真理，改正错误中树立起来的。一个没有学识的教师，学生轻视他，而一个品德不好的教师，学生鄙视他。在现实中，有个别教育者通常在面对受教育者的时候，以社会公认的、先进的做人规范来教导他们，而在自己的日常工作和生活中，则以自己所信奉或具有的做人规范做人，导致两度人格的形成。这是表里不一的表现，不仅难以让受教育者听其言，信其道，更会引起受教育者的反感。教育者应该要切记自己的每一个举动都是一面镜子，要想自己的"说"具有力量，一定要"做"得好，只有行为是正当的，其言语才能够具有说服力。行为超过了语言，语言才能做到掷地有声。当然，教育者的身教并不是要教育者逐个躬行自己的"所言"，而是，自己的"所行"必须符合自己的"所言"，只有语言与行为相一致，人们才有可能真正地对你感到信服。

（三）言教与身教的关系

身教虽然重于言教，可是这并不意味着就可以不重视言教思想政治教育是做人的思想的工作，当受教育者出现各种各样的思想问题时。此时，教育者必须先以言教为主要方式对其思想进行疏导和开通，使之晓之以理，克服心理障碍。所谓"人言可畏""三人成虎"也充分说明了"言"的重要性。言教与身教两者之间既有区别又有联系，是辩证统一的关系。

二者之间的区别主要体现在几个方面，首先从字面上就能看到言教和身教的含义不同，这两种不同的思想教育手段。其次在实际的教育过程中也是有很大区别的，言教主要以语言表达的方式为主，依赖的大多都是理论知识，也可以说是真理的力量。在言教的过程中，一定要把握好思想政治教育的内容，要求不仅要符合大纲的规定，还要符合教学实际，对客观的事物和人做出客观的分析和认识，让学生通过语言的表达了解到思想政治理论。而身教主要依托的是教育者自身的魅力，也可以说是人格影响力。使用身教这一教学方法，就要求教育工作者一定要成为学生心中的榜样，在实际的教学过程中，以自身的实践和经历作为教学标杆，提倡自身的道德观念。而且无论是在课堂教学中还是生活中，都要严格要求自己的行为，通过自身的示范为学生树立榜样。

同样二者之间也存在一些统一表现。其中最明显的表现就是身教的教学方式离不开言教。因为即便是教育工作者成为学生的榜样，在教育的过程中也离不开语言的表达，很多优秀的道德品质和政治思想是需要通过语言表达来进行传递和引导的。同样的道理，言教也离不开身教。对于擅长使用言教的教育工作者而言，进行任何形式的教育实践过程中，学生都会参考教师的品德以及无论是什么样的情况，教师总会自然而然地成为学生的榜样。对于身教来说言教是对他的一种表达，通过语言体现教育工作者自身的优秀品质以及思想觉悟。而对于言教来说，身教是对自己的严格要求以及实践行动，更像是一种无时无刻不在的命令。

俗话说"运用之妙存乎于心"，掌握科学的方法对提高效果、达成目标，起着至关重要的作用。言教与身教作为思想政治教育的重要方法，如果能够运用得好，可以实现预期目标，提高受教育者的道德水平，如果运用得不好，不仅难以实现其目标，而且还会适得其反，产生负面作用和消极后果。所以教育者不仅仅应该做到言之有理，而且应该做到反躬自身，身体力行。在思想政治教育中也是同样，每一个受教育者对教育者也是要听其言，观其行的，只有教育者自己首先做到言行合一，受教育者才会信其言，从其道，内化各种优良道德，做一个有美德的人。

思想教育工作者要做到言教与身教有效结合，必须做到以下两点：

首先，必须努力使自己成为学习和实践马克思主义、宣传和贯彻党的路线方针政策的模范。努力学习党的路线、方针以及政策，对要其进行宣传，并且要对其身体力行，是思想教育者党性原则的表现，也是一项基本的工作职责。所以，教育者必须处处为群众利益着想，时刻保持与人民群众的血肉联系，同任何破坏党的路线方针政策的行为做斗争，同时，还要用党的路线方针政策教育群众，使之变为群众的自觉行动。

其次，思想教育工作者还必须严以律己，在社会生活的各个方面起表率作用。作为党员领导干部和思想教育工作者，必须要牢牢树立为人民服务的根本宗旨，牢固树立正确的人生观、世界观、价值观，坚定理想信念，做对党忠诚、让人民信服的言行一致且高尚的"榜样"。榜样的力量是无穷的，党的干部和思想教育工作者以身作则，对实现党风和整个社会的好转具有决定的意义。如果我们的干部和思想教育工作者在生产、工作、学习中处处当模范，事事作表率，这就是无声的命令，群众就会跟着学，就会带出好的风气。所以，不论是端正党风也好，进行思想教育也好，领导干部和思想教育工作者都必须以身作则，成为群众的表率。身教在先，言教才会更具有信服力，言教与身教有效结合才更能达到预期的教育效果。

四、坚持学术性与政治性相结合

科技是第一生产力，科学研究是时代赋予高校的主要职能之一，本质上是合目的性和合规律性的内在统一体。科学研究在为了探索事物的客观规律的过程中，既产出学术性成果，同时也起着培养人才的作用，依托科研活动对大学生进行思想政治教育有助于培养学生开拓进取的创新精神、求真务实的诚信品质和报效祖国的至诚之心。在高校全方位思政体系中坚持学术性与政治性相结合挖掘科研育人功能，首先，要营造风清气朗的科研环境，保证学术生态的健康发展。高校不仅要构建科学研究管理机制，对科研前期的申报等基本步骤与程序进行精减和优化，减少外部干预，鼓励创新成果研发，推动科研资源的公平、合理分配，而且要制定具有可行性、针对性的科研成果评价标准，把科研评价标准放在对科研成果的"质"上，建立科研诚信档案，将其作为职称评定、人才流动晋升时的硬性参考标准，对学术不端行为进行严惩。其次，要加强科研人员的政治修养，确保高校科研的社会主义属性。"国之所需，科研所向"，在国家发展的关键时期一批"黄大年"式的科研工作者积极投入祖国建设，要大力弘扬榜样事迹，培植科研工作者的爱国主义情怀，自觉将个人发展和与国家、民族的前途命运相联系，在前沿难题、关键技术的攻克、突破中，以解决国家需要，满足人民需求为首要前提，在科研中体现社会主义属性。

把中国特色社会主义文化作为重要的教育要素和教学资源，感染学生、贴近学生，引起大学生对于文化精神的共鸣，是提升高校思想政治教育工作的亲和力和感染力的有力举措。营造文化育人氛围可以加强大学生对中国传统优秀文化、革命文化和社会主义先进文化的认同，树立文化自信，培养文化自觉，成为高校全方位思政育人体系的力量源泉、精神滋养。打造高校全方位思政育人体系，要求坚持显性教育与隐性教育相结合打通文化育人脉络，首先，要利用显性文化资源，优化校园环境。不仅在校园雕塑、园林设计等实体资源的设计和建设中，融入中国特色社会主义传统文化元素，活化传统文化意蕴，在本校图书馆、校史馆或宣传栏设立文化专栏、张贴海报等，结合本校校史、荣誉校友的真实事迹对学生进行熏陶，而且要充分发挥地方优势，建立：红色文化教育基地，深化校地合作，以当地革命遗迹、博物馆为依托，鼓励学生在实景中感受文化激荡。其次，要激活隐性文化资源，培植校园精神。一个学校的校训、校歌体现着该校的办学特色和历史使命，积极引导学生自觉参与融入校训、校歌的编写，有助于塑造学校师生的向上、求知、求进的精神面貌。同时，定期聘请国学专家、革命前辈开展主题讲座，在节庆纪念日时段开展形式多样的文化活动，在潜移默化中输出思政教育内容。

五、坚持结合实践，抓好第二课堂

所谓第二课堂指的是高校在专业课程之外的知识补充类课堂活动，形式多样化，以实践活动为主，例如创新课题研究、兴趣活动主题创作、知识竞猜、社会调研等均属于第二课堂的范畴之内。中国人民大学成立博士生服务团、研究生支教团，组织学生深入延安等革命老区开展实地考察，创立了"千人百村"等品牌调研项目，不断在实践锻造中推动第二课堂地建设。实践是认识的来源，也是认识发展的最终归宿，始终坚持将理论教学与实践活动相结合的路径，发挥第二课堂建设的应用价值，是高校全方位思政育人体系构建的必要基础。首先，在高校全方位思政育人体系的第二课堂建设中，不能忽视思政课程理论知识的传输。要把思政专业理论知识贯穿于第二课堂的运行、升级始终，在指导第二课堂建设的同时引导学生在实践中检验所学理论成果的真伪，帮助学生将感性体验提炼升华为理性观念。其次，在高校全方位思政育人体系的第二课堂建设中，针对不同性质、不同类别的实践活动，要由教师进行指导，分类提出具体要求，并提供一定的物质条件支持，以实效性为标的推动大学生思想认识到技能应用的转化。在对不同类别的实践资源进行整合开发与项目管理的同时，还要注重对实践活动的内容进行创新与丰富，对实践活动的开展形式进行改革与调整，并且要大力推进产学研相结合，创建实践活动的开展平台，加大对社会实践活动的支持力度。让学生在亲身体验和接近社会的过程中全面提升实践动手操作的能力水平，从内心真正生成感悟，树立浓烈的、真挚的家国情怀。

六、线上线下结合，利用网络新媒体

利用高校在思政育人体系建设中的育人载体作用，要坚持线上与线下教育相结合的方式，充分发挥网络新媒体在当代大学生思想政治工作方面的育人功能。互联网对当代大学生产生了有利影响，互联网以其速度快、及时达的特点为大学生的学习、生活提供了便利，开拓了学生的视野，也为思政育人工作提供了平台；从有弊的一面看，大学生的人格尚未健全，缺乏社会经验，辨别能力较弱，互联网环境的信息海洋中掺杂的大量的无用、负面的信息，可能会对大学生思想观念的塑造和培育产生误导，不利于主流意识形态的养成。因此，高校在思政育人体系的创建过程中需要扬长避短，充分发挥出互联网的优势，合理开发互联网资源，顺应新媒体时代下的育人发展趋势，打造线上线下的协同教育机制。这不仅能够提升高校思政育人机制的全面性与连续性，同时也更加符合当代大学生的心理需求和期待。全面建成全方位思政育人体系，高校要深化网络教育，注重校园网络文化的建设，搭建网络教育公共平台，利用网络渠道进行思政育人资源的收集与检索，丰富育人内容，净化网络空间内容，建立起一支专门化、职业化的网络育人的工作队伍。

七、德治法治相结合，严格管理育人方法

管理育人是指高校在规章制度、群体公约体系层面对大学生行为习惯进行管控，以实现对大学生思想政治教育工作的基础保障。近年来中国特色社会主义治理体系进程持续深化，而其中的显著特点之一，便是依法治国与以德治国两者的有机结合。法治的优势和特点集中在强制性、明确性、规范性、普遍性以及平等性方面，但是法治的不足之处在于，法律法规的出台与修订带有滞后性。德治的优势中体现在调节性、广泛性、内在性等方面，但是其不足之处在于强制性和规范性薄弱、评价标准的多元主观性强。坚持德治与法治相结合可以实现两者的优势互补，不断提升我国的治理能力和治理水平，这也为高校全方位思政育人管理体系的生成提供了逻辑前提。在高校全方位思政育人体系的构建中，既要进行制度化的管理，对大学的章程、规范、制度、校规校纪等规定进行健全和完善，面向全体大学生展开法治教育，增强当代大学生的法律观念和守法意识，全面提升高校的教育治理工作的公平性，以校规校纪对学生行为进行硬性把控、约束，打造现代化的教育治理工作体系，为高校思政育人体系的创建提供保障性措施。又要处理好管理目标和管理内容之间的关系，采取春风化雨般的方式方法，净化校园的不正之风，培养正面向上、健康的校园风尚。以道德教育对学生进行软性感染和熏陶彰显高校思政教育的人文关怀和专业化水平，增强管理系统内部的黏合性。

八、结合实际与精神问题，增强服务育人能力

服务育人是指利用高校后勤保障部门的力量在为师生提供服务工作的同时影响人、塑造人、培育人。高校的后勤保障部门包括图书馆、校医院、保卫处等，是由多个实体

构成的，涵盖师生生活的衣、食、住、行、学习各个方面，是实现思想政治教育工作实现常态化、日常化的有力抓手。构建全方位思政育人体系，增强服务育人能力要始终围绕师生这一受众，首先要增强供给能力，提供靶向服务。第一，采取公开透明的方式，面向社会群体机构公开招标。不仅要考虑投标机构的专业化水准，还要对机构的经营理念和人员素质进行综合考评，同时邀请学生代表对招标过程进行全程监督，推动服务向实用化发展。第二，采取网格化管理方式。实现与所属片区内的服务资源协调联动，通过共享扩大资源供给度，推动服务向便利化发展。第三，完善信息沟通平台。通过公众号、APP等手段畅通师生与后勤部门的互动渠道，推动服务向智慧型发展，确保供给方和接收方的信息对称，及时处理反馈意见，优化服务。其次，加大宣传力度，弘扬工匠精神。宣传后勤先锋的先进事迹，在提升身处后勤服务岗位人员的自豪感和荣誉感的同时，不断给高校师生施加工匠精神的正能量影响。

九、扶困与扶志相结合，提高资助育人水平

所谓资助育人指的是要将"扶困"与"扶智""扶志"联系到一起去。资助育人首先要体现在奖助学金等的物质资助发放上，一要强化档案意识。利用实地家访、大数据参考等方式建立动态数据库，完善申请认证标准，及时更新受助学生信息。二要加强诚信教育。通过政策宣传、榜样带头的方式，加强对学生的诚信教育、感恩教育，从思想源头杜绝申报材料弄虚作假的现象，确保基础性工作做实做稳，推动国家资助资金公平精准落地。三要增设勤工俭学岗位。以"铸梦""铸魂"为前提"助学"，提供按学生自力更生和艰苦奋斗的意识品质。其次，针对专业学习上存在困难的学生，成立课外帮扶小组或者以学科带头人牵头的方式建立"周末小课堂"，帮助困难学生收获自信，增加学识。另外，针对学有余力的同学，吸纳社会资金成立"双创基金"，支持学生进行科学研究，拓宽其发展路径，推动高校资助由保障型向发展型转变。

第三章 高校思政教育教师队伍建设

第一节 高校思政教育教师队伍建设的意义

一、高校思想政治教育有其客观必然性

（一）高等教育改革和发展要求加强思想理论课教师队伍建设

多年来教育改革发展的事实说明，全面实施素质教育，推进教育教学改革，关键在于有一支具有实施素质教育能力和水平的教师队伍；促进教育均衡发展，统筹城乡教育、区域教育协调发展，实现教育的公平和公正，关键在于有一支具有较高素质而且配置合理的教师队伍；加强和改进未成年人思想道德建设和大学生思想政治教育，关键在于有一支政治强、业务精、作风正、师德优的教师队伍。当前，人民群众和社会发展对教育更多更高的需求同优质教育资源供给不足的矛盾，是我国教育的基本矛盾。解决这个矛盾的根本出路在于建设高素质的教师队伍，发展高质量的教育。

（二）社会主义荣辱观教育需要建设一支师德过硬的思想政治理论教师队伍

社会主义荣辱观既高度凝练了爱国主义、集体主义、社会主义思想的基本要求，体现了社会主义基本道德规范和社会风尚的本质特点，又深入浅出，循循善诱，对全社会开展公民道德建设具有极强的可操作性，是中国传统美德和时代精神的完美结合，是社会主义世界观、人生观和价值观的生动体现。高等学校承担着培养一大批高级专门人才的重要任务，是培养高素质人才的摇篮，是知识创新的重要阵地，理应在弘扬和践行社会主义荣辱观方面走在社会前列，切实发挥好引领、示范和辐射作用。要在大学教育中强化社会主义荣辱观教育，把树立和弘扬社会主义荣辱观的客观要求内化为大学生的自觉行动，必须把社会主义荣辱观教育与教师队伍建设结合起来。

（三）思想政治理论课课程对教师队伍建设提出挑战

一些思想政治理论课课程设置方案使教师的教育思想、教育模式和教育方法面临严峻的挑战。思想政治理论教师只有具备坚定的马克思主义理论素质和政治信仰、勇于创新的精神、掌握科学的教学方法以及较强的科学研究能力，才能胜任思想政治理论课程

的任务。

二、高校思想政治教育教师队伍建设的意义

教师思想政治素质的提升，可以帮助他们以高度的社会责任感、较强的集体意识、求实创新的态度、因材施教的工作思路投入到工作之中，从而推动我国向教育强国迈进，提高我国的综合国力，在新的国际竞争中占据优势和主动权。因此，教师思想政治素质的提升有利于推进党和国家教育战略的实现，对我国高等教育进入国际先进行列具有重大意义。

（一）有助于教师顺利地完成历史使命

随着我国高等教育逐步走向大众化、普及化，高校思想政治理论课教学在提高全民族的思想道德素质和哲学社会科学素质方面，越来越发挥着重要的作用。在各类人才的培养上，思想政治理论课也是人力资源开发和建设的一项基础性工程。接受思想政治理论课教育是各类德才兼备的人才健康成长的重要保证。现在的大学生，将来是国家建设的宝贵人才，一些人将成为科技骨干，一些人将成为企业经营管理者，一些人将成长为各级领导干部。他们能否从宏观上把握社会发展和现代化建设规律，能否懂政治、识大体、顾大局，能否驾驭复杂局势，不断提高决策能力与领导水平，无疑同他们的思想政治理论素质有很大的关系。从宏观来看，高校思想政治理论课教师从事的工作，肩负着关系到中国特色社会主义建设的历史重任。

教师的政治思想、道德素质对学生的熏陶和感染作用，早已被许多教育家、思想家所认识。教育成功的重要因素之一，是教师人格的感化。教师本人是学校中最重要的师表，是直观的、最有效的模范，是学生中活生生的榜样。教育者对被教育者的作用首先是教师品格的熏陶、行为的教育，然后是专门知识和技能训练。这些教育家精辟的论述都说明了教师师表作用的重要性。特别是作为思想政治理论课教师，在给大学生传授马克思主义理论知识的同时，还主要承担着思想道德教育的任务。这样的教学性质和任务决定了思想政治理论课教师除了具备较高的政治理论修养和丰富的人文知识以外，还必须具备比一般教师更高的良好的思想道德素质。这样，才能不辜负党和人民的信任与重托，承担起学生灵魂的塑造者的神圣职责和历史使命。

思想政治理论课教师不仅应该是知识、技能、智慧的传播者，更应该展示高尚的人格魅力，因此思想政治理论课教师应该在教学中，充分展现自己良好的政治、思想、品德、人格素养，进而赢得学生的敬重诚服，从而对学生产生榜样教育和示范作用，使教育教学工作取得满意的育人效果。而且从一定的意义上说，思想政治理论课教师的一言一行

中，不仅传递着个人的思想品德，而且传递着他所讲授的马克思主义理论的思想品质，因而思想政治理论课教师只有在思想政治上、道德品质上、学识学风上，真正做到全面以身作则、自觉率先垂范，才能使学生从中感受马克思主义理论的真谛，信仰马克思主义，从而使思想政治教育具有强大的说服力。作为对学生进行思想政治教育教学的主体，思想政治理论课教师的政治思想道德素质对教育对象的影响具有关键性意义。很难想象，一个以自我为中心的利己主义者能够把学生培养成为思想进步、品行端正的合格人才。加强思想政治理论课教师队伍建设，提高思想政治理论课教师的政治理论、思想道德素质，使其真正成为大学生健康成长的指导者和引路人，不仅是高校思想政治工作的重中之重，也是提高思想政治理论课教学实效的关键之举。

（二）有助于增强高校思想政治理论课的实效性

思想政治理论课是国家规定的各级各类高等学校都要开设的必修课程，它承担着对高校学生进行系统的马克思主义理论教育的任务，是对高校学生进行思想政治教育的主渠道，是为高校实现人才培养目标服务的。其最终目的是通过课程教学，使高校学生热爱中国共产党、热爱社会主义，使其具有较高的马克思主义理论素养、良好的道德品质和健康的心理素质，将来更好地服务祖国、服务人民，成为中国特色社会主义事业的合格建设者和可靠接班人。对此，思想政治理论课教师要始终站在政治的高度来看待。在种种挑战下，避免思想政治理论课在高校课程体系中的地位和作用受到削弱，关键是要围绕提高教育效果这个核心，通过积极的努力来克服由于课程减少、学时减少带来的不利影响，使思想政治理论课真正融入学生的头脑，成为学生所理解、接受和喜欢的课程。

一方面，要充分挖掘思想政治理论课课堂教学要素——创新课堂教学诸环节、激活课堂教学、提高既有学时利用率。这就要求教师们要转变教学理念、更新观念，从单纯的灌输式教育向辨析式教育转变。辨析式教育是一种把观点藏在背后，把分析推向前台的教育方式，富有启发性与亲和力，可以有效地引导学生自主地选择正确的立场、自我形成正确的观点，进而树立科学的世界观、人生观和价值观，达到思想政治教育的目的。辨析式教育符合高校大学生求新求异的个性，有利于充分调动学生学习理论和探索真理的积极性，增强思想政治理论课教学的生动性和吸引力，有效地发挥思想政治教育的社会功能。另一方面，要积极拓展思想政治理论课教学外延——开辟多种教育途径、营造教育环境氛围，多管齐下形成思想政治教育整体合力。在拓展外延上，包括如下几点：其一，思想政治教育向其他课程渗透，融入到各科教学过程之中；其二，思想政治教育向第二课堂延伸，加强校园文化建设，使思想政治教育润物细无声地渗透于大学生的头脑中；其三，向社会大课堂扩展，积极开展思想政治教育实践教学活动，使思想政治教育渗透于学生成才的全过程。

要做到以上两方面，无疑对思想政治理论课教师提出了更高的要求。它不仅要求教师要有过硬的思想政治教育专业理论知识、丰富的实践教学经验，还要求教师能有效地指导课程的实践活动，并能充分利用专业资源优势，有效地开展校园活动，促进和谐校园文化建设，同时要具备一定的职业教育技能，给学生以心理辅导和职业指导等，帮助学生排忧解难，真正实现既教育人、引导人，又关心人、帮助人，使思想政治理论课真正成为学生所理解、接受和喜欢的课程。可见，加强高校思想政治理论课教师队伍建设，建设一支高素质的思想政治理论课教师队伍，对于增强高校思想政治理论课的实效性，是十分必要的。

此外，为了实现思想政治理论课教学的目标，思想政治理论教师还应采用灵活多样的教学方法，把传统的课堂教学与案例教学、课堂讨论等教学方法结合起来，实现教师与学生双向交流和沟通，充分调动学生学习的趣味性、积极性和创造性；实现教学手段现代化，充分利用互联网，在制作电子教案、电子课件和应用多媒体教学方面，进行积极的探索，因为多媒体等现代化教学手段具有形象、生动、声情并茂、信息量大等特点，能有效地提高教学的思想性、生动性和形象性。这些都是与思想政治理论课教师队伍建设密不可分的。

（三）有助于应对高校思想政治理论课的任务和要求

世界多极化和经济全球化日益明显，科技革命日新月异，综合国力竞争日趋激烈。各种思想文化相互激荡，西方敌对势力加紧对我实施西化、分化的政治图谋并未减弱。我国改革开放进一步深入，社会经济成分、组织形式、就业方式、利益关系和分配方式日益多样化。如何引导大学生正确认识当今世界错综复杂的形势及其对我国社会经济发展、人们思想变化带来的种种影响，把握国际局势的发展变化和人类社会的发展趋势，是包括广大思想政治理论课教师必须认真研究解决的重大而紧迫的历史课题。

在当前的国际国内条件下，大学生思想政治教育工作面临着许多新情况、新问题，如何准确地把握当前大学生思想、生活、学习的特点，有针对性地加强和改进大学生思想政治教育，是一项极为重要而紧迫的战略任务。

只有对学生进行系统的马克思主义理论教育和思想品德教育，才能帮助他们树立正确的世界观、价值观和人生观；才能帮助他们用马克思主义的基本原理、基本观点和基本方法去观察、分析、处理复杂的现实问题；才能帮助他们正确地理解和坚持我国社会主义初级阶段党的基本路线，识别和抵制各种背离党的基本路线的错误倾向；才能帮助他们树立社会主义民主和法制观念，正确行使法律赋予公民的各项民主权利，自觉地履行法律所规定的各项义务;才能帮助他们树立正确的学习目的、养成良好的学风,帮助他们养成高尚的社会主义道德品质和文明习惯,真正做到诚实守信、勤劳敬业、谦虚谨慎、言行一致、乐于助人。高校思想政治理论课是高校思想政治教育的主渠道和主阵地,加强思想政治理论课教师队伍建设对大学生健康成长,对学校思想政治工作具有导向、动力和保证作用,对建设社会主义物质文明、精神文明和政治文明,促进社会全面进步,具有重要的意义。

第二节 高校思想政治教师队伍建设的强化

一、我国高校思想政治教育中教师的特点

思想政治教育是学校工作的一部分,却不是学校一部分人的工作,而应该是全体教育工作者的职责。专职思想政治教育教师包括思想政治理论课教师、辅导员、班主任和学生管理工作干部,同时,各类课程教师和其他各级各类党政管理干部亦具有不可推卸的育人职责。为切实提高思想政治教育的实效性,对于专职思想政治教育教师,必须实行严格的任职准入制度和培训制度,提高队伍的专业化程度;对于非专职思想政治教育教师,应努力提高其思想政治素质和思想政治意识,使他们真实、专业地意识到自身的育人职责。

(一)高校思想政治教育中教师的德育特点

改革开放后,高等教育实现了跨越式发展,人才培养的数量和质量大幅提升。但在这种蓬勃发展的大背景下,高等教育更多地将目光锁定在"才"的培养上,某种程度上忽略了对"人"的关切。高等教育要重视才的培养,更要重视人的培养。

德育是高校对受教者的培养准则,也是施教者的育人准则。大学要培育有德行的学生,就要培育师德,师德是教师的基础性素质,是教师的立师之本。立德树人理念从内在价值尺度和外在职业标准两个方面规范了教师的角色定位。"立德"是衡量教师优劣的内在价值尺度,构建了教师职业的精神追求;"树人"是衡量教师优劣的外在评价标准,构建了教师职业的使命担当。"立德"与"树人"在"如何做"和"做什么"两个维度上共同确立了高校教师的角色规范,成为高校教师的核心价值理念。

高校教师在立德树人理念中的核心地位缘于教师职业定位的重要性和特殊性。在"学生、学者、学术"高校的三个核心要素中,学者的重要性日益凸显。学者既是学生的施教者又是学术的创造者,失去学者也就失去了"大学之为大学"的内在动力。拥有什么样的学者就会形成什么样的大学,培育有德行的教师就能营造德行文化、培养出有德行

的学生，建设有德行的大学。因此，高校要充分重视学者的主体地位，呼唤学者的主体意识，提升学者的育德水平，营造浓厚的德育氛围，让德育成为高校安身立命的根本。

教师职业定位的特殊性体现在身为人师和行为人范的职业使命上。高校教师对学生起着引导、示范、激励作用，他们是世界观、人生观、价值观的携带者和传播者，其思想觉悟、政治立场、价值取向所外化出来的言传身教传达给学生，潜移默化地影响着学生的认知和判断。高校教师群体在左右了学生的价值选择和德行水平基础上某种程度上代表了学校的价值取向和德行标准。因此，高校教师的思想政治状态某种程度上决定了高校的思想政治教育水平。

先"立德"后"树人"是高校教师职业的内在规定和必然选择，作为高校教师，要"立己德"而后"树人德"。那么立什么德，就是要立社会公德、职业道德、家庭美德、个人品德，要在"德"的框架下提升高校教师的精神内涵，约束高校教师的行为表达，培养他们广博的师爱、强烈的师责和崇高的师品，让他们成为人师之师，成为学生智慧的传播者和人生的启迪者。"树人德"就是让学生"作为人而成为人"，不能将学生锁定在成为"某种人"的工具理性上，而是在成为"人"的价值理性上，让学生具有健全的人格、向善的人性和高尚的人品，成为德才兼备的社会主义合格建设者和可靠接班人。

（二）高校思想政治教育中教师的人文关怀特点

人文关怀核心在于肯定人性和人的价值，也是师德教育的基础。对学校而言，应坚持师德教育的人本性原则，从人的需求出发，尊重人的现实性，实现人的全面发展，积极为高校教师的困惑寻求出路，满足人的生存与发展需求，使他们在工作中拥有自我存在感、自我实现感、自我价值感。要深入了解教师的心理健康、生活处境和工作状态，满足他们的利益诉求、情感诉求，消除高校教师的后顾之忧，使他们全身心投入工作当中，实现精神的充实感、生活的幸福感、个人的自由感。对高校教师而言，高校教师要形成人本性教育观，不断提升自身学识魅力和人格魅力，妥善处理师生关系，营造和谐共进的师生氛围。高校教师要关注学生、尊重学生，形成开放、包容、自由、互动的教育模式，满足学生个性化成长需求，让教师成为学生的贴心人、领路人。高校教师要不断提升人文修养，不断丰富自身教育资源，不断完善自身教育手段，培养既具备有容乃大的文化情怀和独特犀利的文化眼光，又有健康向上的文化追求，能够做出科学合理的文化选择的大学生。

（三）高校思想政治教育中教师的引领特点

在教育环境和教育对象发生深刻变化的同时教育理念、教育方法、教育载体不能以不变应万变，而要与时俱进，不断突破陈规，彰显优势。首先，创新教育理念，在思想观念多元化背景下，一方面尊重差异，包容多样，另一方面要在多元中立主导，在多变中把握方向，确保教育理念的先进性、主流性；变管理为服务，思想政治教育组织者要低姿态进入，破除身份和岗位壁垒，尊重教师的主体地位，呼唤教师的主体意识，提高教师的主体参与度。要高度重视德育的重要性，发挥"德"对教师综合评价的主导性和主控性作用。其次，更新教育方法。将传统工具性教育转向目的性教育，由单向灌输转变成双向交流，丰富教育形式，教育过程要做到以理服人，以情感人，以德化人，让教师真正认识思想政治教育的价值，真正体悟思想政治教育的生命力，真正融入思想政治教育过程。再次，丰富教育内容。要充分发挥思想政治理论课主渠道作用，注重政治性、文化性、道德性相融合，在立德树人视域下开展政治教育和理想信念教育，在理论灌输中融入人文情怀和道德精神。教学内容上要科学设计，引入传统文化丰富资源和人类文明的重要成果，切实突出"德"在教学体系中的位置，提升思想政治课的文化品位和道德含量，切实增强教学的针对性、科学性、时效性。最后，拓宽教育载体。由于高校教师对传媒的敏感性、依赖性越来越高，高校要充分利用网络、手机等载体，拓展教育覆盖面，提高思想政治教育的普及性、常态性。要充分利用网络资源，提升网络建设，提高网络文化供给能力和网络教育专业化、科学化水平。建设贴近社会、贴近现实、贴近学生的主题网站、主题微博，在内容上，确保健康向上、内涵丰富、喜闻乐见；在形式上确保灵活多变、丰富多彩、时尚新颖，做到既有文化深度又有普及广度，既有文化内涵又有时尚元素，成为文化思想交流的重要平台。另外，在"自媒体"时代大背景下，要不断提高师生的媒介素养养成教育，引导广大师生在德行的背景下满足情感需求和自我认同。

二、加强和改进高校教师思想政治教育工作应达成的几点共识

（一）教师思想政治教育工作只有结合业务工作才有生命力

教师思想政治教育工作离开业务工作就会成为无源之水，无本之木，而业务工作离开思想政治教育工作就会失去方向和动力。必须增强"渗透"意识，提高"结合"本领，把教师思想政治教育工作渗透到教学科研业务之中，努力避免思想政治教育工作与业务工作"两张皮"的现象，进一步增强思想政治教育工作的有效性。只有这样，教师思想政治教育工作才有旺盛的生命力。

（二）教师思想政治教育工作只有坚持以人为本才有感染力

坚持以人为本是思想政治教育工作的根本出发点。在重视加强思想政治教育工作的同时，要坚持以人为本，重视教师个人价值的实现和自身积极性、创造性的发挥，解决

教师思想、工作、生活的实际问题，才能增强思想政治教育工作的吸引力，提高思想政治教育工作的有效性。

（三）教师思想政治教育工作只有坚持实事求是才有说服力

教师思想政治教育工作的基本方针是坚持正确疏导，说服教育，以理服人。思想工作如果不能实事求是，不能理论联系实际，即使花再大气力，用再多时间，实际效果也不会理想，反而坏了思想政治教育工作的名声。思想政治教育工作要联系国内外政治、经济、文化实际，联系改革开放的实际，联系学校改革与发展实际，联系教职工学习、教学、科研、生活实际，以理服人，求真求是，进一步增强说服力。

（四）教师思想政治教育工作只有坚持不断创新才有吸引力

教师思想政治教育工作史实际上就是一部创新史。随着改革开放的深入和市场经济的发展，教师的思想观念正在发生重大变化，教师思想政治教育工作如何适应新形势，这是高校面临的新课题。在新的历史条件下，要增强思想政治工作的针对性和吸引力，要树立体现时代特征的新观念，探索新方法，增添新内容，就必须发扬创新精神，做到在继承中创新，在创新中前进。

三、新时代高校思想政治理论课教师队伍建设的强化

加强高校思想政治理论课教师队伍建设，是加强和改进高校思想政治理论课的关键环节。认真学习和贯彻落实中宣部、教育部工作会议精神，应进一步提高对此项工作重要性和紧迫性的认识，从增加高校思想政治理论课教师在教育教学中的科研含量入手，切实加强马克思主义理论学科建设，以学科建设支撑教育教学；下决心设置独立的思想政治理论课教学科研组织机构，为高校思想政治理论课教育教学和马克思主义理论学科建设提供坚实的组织保障。

（一）不要让马克思主义理论学科建设成为高校思想政治理论课教育教学工作中的薄弱环节

要通过扎扎实实的努力，建设一支"让党放心、让学生满意"的思想政治理论课教师队伍，进而把思想政治理论课建设成为大学生"真心喜爱、终身受益"的优秀课程。要讲好高校思想政治理论课，关键在于必须有高水平的教师。思想政治理论课的政治性、政策性、理论性很强，而要使大学生对这样的课程爱听、能懂、有启发，还需要教师的讲授有艺术的水准，在教材体系向教学体系转化上下功夫，理论与实际联系，教学内容要鲜活，教学方法要得当，教学手段要新颖，等等。只有做到了这些，思想政治理论课才能有吸引力、感染力和说服力，才能实现教学内容进学生头脑的目的。加强和改进高

校思想政治理论课，需要从教材建设、学科建设、教师队伍建设、教学方法改革和宏观指导等方面开展工作，而在这所有工作中，教师队伍建设是决定性因素，是重中之重。

加强高校思想政治理论课教师队伍建设，要坚持以马克思列宁主义、毛泽东思想、邓小平理论和"三个代表"重要思想为指导，深入贯彻落实科学发展观，以教学科研组织建设为平台，以选聘配备为基础，以培养培训为抓手，以学科建设为支撑，以制度建设为保障，以实现教学状况明显好转为目标，培养一批坚持正确政治方向、理论功底扎实、善于联系实际的教学领军人物、中青年学术带头人和学术骨干，努力建设一支政治坚定、业务精湛、师德高尚、结构合理的教师队伍。

（二）增加高校思想政治理论课教师教育教学中的科研含量

讲好思想政治理论课，这是高校思想政治理论课教师的本职工作，也是日常的中心工作。这里需要进一步讨论的是，如何才能讲好思想政治理论课，才能使这种课程受到学生的重视和欢迎。其中一个重要条件就是教师得有科研能力和科研成果，这也是目前普遍存在的弱点。解决这个问题，切实加强思想政治理论课教师的科研能力，努力提高科研水平，力争用高水平的科研成果去支撑教学，这是加强思想政治理论课教师队伍建设工作中需要突破的重要一环。

为什么思想政治理论课教师要开展科研，这里除了有作为一名高校教师所必须具有的研究品位之外，还有几个特殊的原因：

一是马克思主义本身所具有的既一脉相承又与时俱进的理论品质要求有科研。思想政治理论课承担着对大学生进行系统的马克思主义理论教育，而什么是马克思主义，怎样对待马克思主义，这本身就是学问。马克思主义的基本原理具有长久的和普遍的指导意义，但是这些基本原理的指导作用又必须同当时当地的具体实际相结合才能发挥和展现出来。人们对马克思主义基本原理的认识，随着实践的发展也会有新的提高，对马克思主义经典文本的研究随着形势的变化也会有新的发掘。特别是，思想政治理论课突出强调马克思主义中国化的新进展，而这种新进展又有着丰富的新内容和新的表述形式。所有这些，都需要不断地提出研究的任务并开展研究，否则我们就跟不上马克思主义的发展历程，就反映不了马克思主义发展的最新成果。

二是思想政治理论课在同其他大学生思想政治教育渠道的比较中要求有科研。在这里，首先遇到的是大学生在中学阶段已经接受的思想政治理论方面的教育。为此，除了有一些是新的理论观点外，对于原先学生已经知道的那些理论观点再来教授，一定不能简单重复，而必须使高校思想政治理论课教学具有研究的意蕴。我们要在大学生中提倡研究型的学习，首先教师得有研究，否则教师就不能对学生的研究发挥应该发挥的指导作用。其次,还必须注意党团组织活动和大众传媒也进行了很多思想政治理论教育的工作,其中也包括马克思主义理论方面的宣传,如果高校思想政治理论课教师不能有研究的层面,那就只能形成一种与之简单竞争的局面,而思想政治理论课没有党团组织活动那样的纪律要求,也没有大众传媒所特有的生动性和感染力。思想政治理论课的优势在于把道理讲透,以及教师与学生面对面的交流。再次,还要注意高校其他专业课程特别是哲学社会科学方面的课程也具有对大学生思想政治教育的功能。一般地说,其他专业课程中都具有很强的学术性,这种学术性对于大学生具有天然的吸引力,如果思想政治理论课教师不加强研究,讲授中没有多少科研含量,不能使思想政治理论课的政治性寓于学术性之中,其结果可能不仅仅使自己的形象受损害,还可能会使学生对马克思主义理论和党的方针政策的认识受影响。

三是思想政治理论课教师的研究涉及很多方面的内容。首先是需要研究各门课程所涉及到的基本理论,这是必须下气力搞懂弄通的。其次是需要研究与这些理论相关联的实际以及还没有进入理论研究视野的实际。人们对理论问题的很多不理解往往并非是理论本身的原因,而是因为实际与理论之间的复杂关系,特别是实际与理论的反差。实际是一个十分广泛的领域,古今中外都在其内。历史的、现实的、中国的、外国的,很多问题都需要教师了解并使自己具有研究的层面。当然这其中最主要的还是正在进行的中国特色社会主义建设的实际以及与此相关联的国际国内形势。在这里,还必须强调思想政治理论课教师要搞好教学必须研究教学对象,真正做到了解学生、理解学生、为学生服务。思想政治理论课教师为学生服好务最好的办法就是用教师对所教课程的科研成果去说服学生、打动学生、启发学生。这样的教师,就是对学生有帮助的教师,就一定会受到学生的欢迎。总之,思想政治理论课教师的教学要想达到高水平,必须把科研搞上去。加强和改进高校思想政治理论课,必须重新定位思想政治理论课教师的形象,对其科研提出明确的要求,并提供必要的政策支持,其中包括将思想政治理论课教学中的重要理论和实际问题的研究作为重要选题,列入国家和地方教育教学研究和人文社会科学研究规划,项目单列,单独评审,单独检查,力求不断推出一批又一批高水平的思想政治理论教育教学研究成果。思想政治理论课教师应该有信心,经过艰苦努力走出一条科研与教学并重的路子来,培养出一批又一批立场坚定、始终与党中央保持一致、马克思主义理论素养高、人文社会科学基础知识扎实、学贯中西、功底深厚,善于运用现代教育教学手段、创新教学方法,师德修养好、富有人格魅力和亲和力、年龄结构合理、教学领军人物不断涌现的思想政治理论课教师队伍。

（三）促使高校思想政治理论课教师成为学科建设的骨干力量

加强马克思主义理论学科建设，是加强思想政治理论课教师队伍建设的一个关键环节，也是正确认识和处理思想政治理论课教师的教学与科研关系的核心问题。

为高校思想政治理论课提供强有力的学理支撑，的确是高校思想政治理论学科设立和建设的一项十分重要的和首要的任务。在高等学校，学科建设是最具有整合力和影响力的工作，是各项工作中起龙头作用的关键环节，也是教师队伍建设的重要抓手。只有抓好学科建设，高校教师才有科研的平台和学术的家园。马克思主义理论学科的设立和建设，就是为了使思想政治理论课教师有自己的学科阵地，同时也为了吸引更多的优秀人才加入到思想政治理论课教师队伍中来，从而为从根本上提高思想政治理论课的教学质量和教学水平奠定人才基础。

思想政治理论课教师应自觉进入学科建设的前沿阵地，尽快找到自己在学科建设中的位置，明确自己在学科建设中的任务，力争成为马克思主义理论学科建设的骨干力量。要通过马克思主义理论学科建设的带动作用，努力提高思想政治理论课教师队伍的整体素质和学科地位，增强他们的学科归属感和成就感。学科建设与教育教学密切相关，教育教学促进学科建设，学科建设支撑教育教学，这是两者之间的辩证关系。从学科建设的角度和高度看问题，思想政治理论课教师的知识面起码应该达到二级学科的范围，学术带头人和学术骨干应该具有一级学科的领域。就思想政治理论课教学来讲，思想政治理论课教师不要再以某一门课程论教学，而应该以某一学科论课程。已经具有的学科点应该明确学科规范，凝练研究方向，扎实推进工作，对于那些正在申报新的学科点的高校，更要注意学科要求，注意学科建设与教育教学之间的关系。即使是目前尚没有设立学科点的高校，思想政治理论课教师也不能游离于学科建设之外，也要以主人翁的姿态积极参与到学科建设中来，密切关注学科建设的最新成果，自觉用学科建设的成果来支撑思想政治理论课教学。在学科建设这个问题上，思想政治理论课教师应该有全员意识，学科建设、人人有责。

（四）理顺高校思想政治理论课教师队伍的管理体制

各高等学校应该建立独立的、直属学校领导的思想政治理论课教学科研组织机构。这是认真分析多年来思想政治理论课教学科研组织机构的现状，针对目前存在的实际问题提出来的，这个规定对于搭建高质量学科平台，凝聚高素质教师队伍，推动高校思想政治理论课建设，具有全局性和战略性意义。

没有统一的组织机构，要完成统一规定的任务是不可能的。为了完成好思想政治理论课教育教学任务以及科研和社会服务等各项工作，没有一个独立的教学科研组织机构是不行的。思想政治理论课教学科研组织在主管全校性思想政治理论课教育教学的同时，必须担负起马克思主义理论学科建设的任务，马克思主义理论学科点必须设在这一组织机构之中，另一方面，马克思主义理论学科的学术骨干必须承担思想政治理论课教学任务，必须同时是思想政治理论课的教学骨干。

独立设置思想政治理论课教学科研组织机构，此项规定已经很明确。可以预见，随着此项工作的落实到位，而且获得在政策上的更多支持，高校思想政治理论课教师将会出现工作有条件、干事有平台、发展有空间的大好环境，高校思想政治理论课教育建设必将开创新的局面。

第三节 思政教育中高校辅导员队伍的建设

一、辅导员在大学生思想政治教育中的地位和作用

当前，高校的德育环境已经发生了很大的变化，教育创新的任务和要求更加迫切。辅导员要科学认识辅导员工作的定位、定向和着力点，从促进辅导员工作与学校整体工作协调发展的高度、促进学生德智体美协调发展的维度和促进辅导员工作水平提高与个人成长协调发展的角度推动辅导员队伍建设可持续发展；逐步推进队伍的专业化、职业化、专家化建设进程，使得辅导员队伍能够顺应大学生思想政治教育发展的阶段性变化，推动辅导员队伍实现全面协调可持续发展。这是高校自身培养高素质学生的需要，也是我国当代高校教育科学发展的总体需要。

（一）辅导员是大学生德智体美协调发展的引导者

高校的辅导员工作重在对大学生"德"的引领。当代大学生在国家改革开放中成长，他们关注国内外大事，关心国家的改革和发展；他们思想活跃，创新意识和创造能力比较强；他们注重自身素质和能力的提高，注重自我价值和利益的实现。学校教育要坚持育人为本，德育为先，把人才培养作为根本任务，把思想政治教育摆在首要位置。辅导员作为大学生思想成长的引路者，要把思想政治教育工作落到实处，全面推进素质教育，引导大学生德智体美全面发展。

（二）辅导员是大学生德智体美协调发展的推动者

随着社会主义市场经济的深入发展，社会经济成分、组织形式、就业方式、利益关系、分配方式日益多样化，大学生思想活动的独立性、选择性、多变性和差异性日益增强，由此带来的是大学生对自强、创新、成才、创业等成长成才方面的需求，并呈现多样化、

复杂化发展趋势。高等教育的发展和当代大学生的特点要求必须根据学生成长成才的发展需求,包括学生学习辅导、科技活动辅导、社会实践辅导、生活辅导、心理辅导、职业生涯规划辅导等一系列涉及学生成长发展的内容,去建设一支学科背景适应、能力水准优异、发展潜质强劲、个性素养良好的辅导员队伍。

(三)辅导员是学校安全稳定工作的管理者与维护者

学校的安全稳定是学校其他一切工作的基础,学生的稳定是辅导员的重要职责。辅导员要树立对学校负责的全局意识,要有维护学校稳定和促进其发展的大局观念。在对学生进行日常管理的过程中常会遇到突发事件,这需要辅导员准确把握形势,积极疏导,及时上报,做学校安全稳定维护的应急者。辅导员在日常生活中要注意了解学生的学习、生活情况,注意了解学生的热点和焦点问题;要建立学生反映问题的有效机制,做到有问必答;对群体性事件或突发性事件要制定应对预案;要培养一批学生骨干,能够随时传递信息、反映情况;在突发情况发生时,能从现实出发,对原有的决策、方案和意见进行及时地修改和补充,因势利导,把工作做好、做实。高校辅导员队伍是高校学生最直接的管理者和教育者,是一支长期战斗在高校思想政治工作第一线的主力军,他们既要用自己的一言一行去教育、影响学生,同时又要对学生的言行及一切有关学生方面的工作效果负直接或间接的责任。

(四)辅导员是大学生教育的引导者

辅导员对学生所具有的教育引导作用是显而易见的,既要对学生开展党的基本路线、爱国主义、集体主义和社会主义思想教育,又要引导大学生树立正确的人生观、世界观、价值观;既要教育学生有正确的学习态度,又要引导学生有文明的言谈举止。因此,这种教育并不仅限于"思想政治教育"一个方面,而是几乎涵盖了与学生成长有关的所有方面。

(五)辅导员是大学生教育的桥梁与纽带

学校的政策、规章制度要靠辅导员去贯彻与落实,学生的意见、想法要靠辅导员去收集、汇报。这样,辅导员就在学校与学生之间架起了一座"上情下达,下情上传"的桥梁,沟通了思想,畅通了渠道,增进了了解,使学校的工作更能在一种"和谐状态"中稳定、高效地运转。

(六)辅导员对大学生教育具有榜样示范作用

俗话说"什么样的将军带什么样的兵,有什么样的师傅就有什么样的徒弟"。学生从入校开始直至大学毕业接触最多的就是辅导员,感情的因素和心理的因素决定了学生的思想观念、行为方式、个性特征、价值取向等诸多方面都会受到辅导员不同程度的影响，因此，辅导员对于学生的榜样示范作用在学生的成长过程中表现的十分突出而且重要。

二、对高校辅导员的素质要求

（一）思想政治素质

所谓思想政治素质，是指人们从事社会政治活动所必需的基本条件和基本品质，它是一个人的政治思想、政治方向、政治立场、政治观念、政治态度、政治信仰的综合表现。一个人的思想政治素质与其在社会生活中的位置，政治生活经历密切相关，它随着个人的成长，在长期社会生活实践中逐步形成、发展和成熟。一个人的思想政治素质带有鲜明的阶级性和相对的稳定性，个体的政治思想、政治态度、政治情感、政治信仰、政治理想和情操，在相当长的时间里影响个体的政治活动和政治追求。对高校辅导员而言，扎实的马列主义理论基础，高度的政治觉悟，高尚的道德情操，以及强烈的责任心和甘于奉献的精神是其思想政治素质的具体体现。

（二）知识文化素质

文化知识是人类在改造自然和社会的实践活动中所获得的认知和经验的总和，是人类实践活动和思维成果的结晶，也是人类文明发展和延续的基础。在知识经济时代，科学技术的飞速发展使人类知识文化总量急剧增长，呈现出既高度专业化，又相互渗透；既高度综合，又纵横交叉的态势，这对新时期人才的素质提出了更高的要求。高校政治辅导员的工作环境和工作特点，要求他们应该具备以下几个方面的知识文化素质。

1. 马列主义理论

马列主义理论，始终是指导我国在前进中不断战胜困难，取得胜利的指导性世界观和方法论。在建设社会主义市场经济的今天，我国更应该认真学习马列主义与当代中国国情相结合的思想理论精华，不懈地坚持社会主义，坚持改革开放，用科学的理论去分析、判断和解决实际工作中遇到的问题和困难。

2. 思想政治教育专业知识

思想政治教育是研究人们思想形成和发展的规律，以及在此基础上对人们进行思想政治教育的科学。作为高校的基层教育工作者，辅导员的职责侧重于从思想政治的角度来服务于高校培养现代化人才的总体目标，因此，深厚的思想政治教育专业理论知识是辅导员工作必不可少的理论武器。只有从理论上科学地把握大学生的思想，特别是政治思想的形成、发展规律，才能做到有的放矢地对他们进行思想政治教育，解决他们思想形成过程中及其发展方向上的各种问题，使大学生的整体思想观点、政治立场向符合社会主义道德和法制规范的方向发展，为今后的立足社会、服务人民打下良好的基础。

3. 管理科学知识

高校辅导员是高校最基层的学生管理工作者，必须具备一定的管理科学知识，懂得综合运用系统科学、政策科学、科学决策等手段去引导和调节学生的各种活动，掌握管理的艺术和提高决策的水平，在工作中做到游刃有余，取得尽可能大的工作实效。

4. 全面的科学文化知识素质

做好思想政治工作，仅仅有满腔的热情是远远不够的，尤其工作对象是整体素质较高的青年大学生，因此，辅导员必须具备全面的知识文化素质。在这方面，辅导员首先应该对所带学生学习的专业及其发展有一定程度的了解，除此之外，辅导员还应具备一定的人文文化知识和自然科学知识。一个不仅在思想、道德方面，还能在学业及其他方面与大学生进行深入探讨，并且知识广博的辅导员容易赢得学生的亲近和信任，做起学生的思想工作来也能从各个角度找到准确的切入点，思想政治工作的能力很大程度上本来就是一个人知识文化能力的综合体现；而相反，一个知识贫乏，跟不上时代的辅导员，会被思想活跃、知识面广泛的当代大学生瞧不起，会影响其顺利地开展工作。

（三）能力素质

能力就是人在认识世界和改造世界的过程中所表现出的一种能动性。根据教育体制的要求和学生工作的特点，高校政治辅导员必须具备和强化以下几种能力。

1. 组织管理能力

高校政治辅导员首先必须有能力把绝大多数学生团结和组织起来，为完成学校学生工作的战略目标，分阶段、分步骤地策划和安排具体实施计划，善于调动不同性格、不同爱好、不同特长的学生的积极性、主动性和创造性，同时帮助学校领导、各有关部门协调好当前学生工作中的侧重点，形成学生工作的强大合力，共同保证学校育人目标的顺利开展和实施。

2. 开拓创新能力

对于高校政治辅导员来说，开拓和创新能力是工作得以不断改进和发展的动力所在。这是一个极具挑战性的动态变化的时代，生产条件在变，社会环境在变，文化氛围在变，竞争方式在变，人的思维和理念也随之在变。一名合格的高校辅导员，必须能够在把握基本原则的大前提下，因时、因地、因事、因人制宜地运用不同的方法，开动脑筋，解放思想，探索、开拓新思路和创造新的工作方法，更好地为社会主义人才培养目标服务。

3. 良好的人际沟通能力

思想政治工作以人为中心，因此，思想政治工作者应具备较强的人际沟通能力，善于分析和抓住学生的思想动态和心理特征，以平等的心态接近学生，尽最大努力为他们排忧解难，替他们争取更有利的发展空间，与他们成为无话不谈的朋友。只有得到学生的信任和尊重，才能够化一般人想来单调枯燥的思想政治工作为无形的"春雨"，在大学生身心健康成长的过程中起到"润物细无声"的巨大作用。

4. 驾驭语言的能力

语言是人际交往中与人沟通的桥梁，做思想政治工作同样以语言为主要媒介物，高校政治辅导员驾驭语言的能力就显得尤为重要。耐心、细致的思想政治工作并不意味着长篇空洞无物的刻板说教，严密的逻辑、确凿的论据、丝丝入扣的推理、推心置腹的交谈、设身处地的落脚点，这样才能让人信服。面对学生的各种长处与进步，辅导员应该及时地加以察觉并用恰当的语言表达自己的高兴和赞赏；对待学生的缺点和失误，辅导员则必须根据每个学生的性格特征、个性心理，把自己的意见恰如其分地以让人能接受的方式表达出来，既表明自己的立场态度，又不至于伤及他们的自尊心，培养和保护他们乐观豁达的上进心。

5. 较强的适应能力与应变能力

高校政治辅导员必须具有良好的心理素质，紧跟时代的步伐，正确地评估和预测社会变革给自己的工作环境和工作对象带来的影响和变化，及时地调整自己的工作目标、工作重心和工作计划，以适应高等教育改革对人才思想政治培养方面的需要，从自身工作的角度积极配合学校各项育人战略规划的修订和顺利实施。同时，由于工作环境的变革和大学生价值观念的日趋多元化，各种在以前工作中从未遇到过的情况随时都可能发生。在这种情形下，尤其是在一些必须马上处理的突发事件中，辅导员显然只能不等不靠，严格以国家的政策法规和学校的育人目标为指导，在保护学生健康成长和维护学生整体利益的原则下灵活应对，从容处理。事后，辅导员还应该把相关事宜的来龙去脉、处理情况、事后反馈、经验教训等信息及时加以总结，向社会及学校有关部门通报和反映，为今后类似问题的妥善解决，甚至政策法规的相应修订提供事实依据。

6. 科研能力

随着学科体系的丰富和完善，思想政治教育学已经成为高校政治辅导员开展工作的理论依据。高校辅导员应该主动强化自身的"知识型""学者型"定位，在具备较高的思想政治教育专业素养的同时，结合自己的工作实践，将理论与实践结合起来，以实践来作为检验理论的科学标准，用对自己实践的研究和总结来补充和完善科学的理论。

（四）心理素质

心理素质是指人在感知、想象、思维、观念、情感、意志、兴趣等多方面心理品质上的修养和能力。良好的心理素质，即心理健康是现代健康概念的重要指标之一，也是跨世纪人才必需的重要素质之一。一名高校辅导员应该具备的心理素质必须包括：一是乐观向上的人生态度，具有积极学习，努力探索的强烈愿望，对自己所从事的事业充满信心，勇于正视和战胜在事业中遇到的挫折和困难。二是具有正常的人际关系，在与人交往中保持自尊、自信和自重，具有与他人合作的良好意识。三是能积极解决问题，面对矛盾不害怕、不回避，能够利用现实的有利条件和运用有效的方法加以妥善的对待和解决，迅速适应新的环境。四是具有较强的情绪协调和控制能力，能经常保持较为平静的心态和控制自身行为的自觉性，在挫折或压力下保持理性的思维，显示出积极的情感特征。

（五）身体素质

一个人生理素质的强弱，直接影响到他思想素质、智能素质的发挥。良好的身体素质是一个人保持旺盛的精力，坚持工作、学习和生活的基础。高校辅导员作为基层学生工作者，日常工作的确十分繁忙，但更要注意科学地安排自己的作息时间，适当地参加一些有益于身心健康的文体活动，用劳逸结合的方法来保持强壮的体魄，杜绝因个人健康原因而使工作力不从心这一现象发生的可能性。除此之外，辅导员良好的身体素质还包括与身份相称的优雅的外在形象和言谈举止。

三、加强高校思想政治教育辅导员队伍建设的途径

培养社会所需人才，使学生"人尽其才，才尽其用"是高等教育追求的目标，人才培养，德育为先。辅导员作为高校学生思想政治教育工作第一线的教育者、管理者和组织者，肩负着提高大学生思想政治素质、道德品质水平、文化心理素质的重任。随着我国社会主义市场经济的快速发展和高等教育大众化的全面推进，大学生在信息全球化、文化多元化、学习网络化等多重冲击下，其个性思想日趋复杂多样，这使得高校辅导员思想政治教育工作面临巨大挑战。讲求实效性是体现高校辅导员思想政治教育工作价值的内在要求。辅导员如何通过有效的时间和资源，在日常状态和紧急情况下都稳定发挥好思想政治教育作用，增强工作实效性，将从下面从以下几个方面提出建议。

（一）学习提高，完善辅导员自身素质

辅导员是学生的良师益友，应具有较高的政治素养，丰富的文化知识，积极向上的身心素质，要不断地加强学习，完善和提高自身的职业素养。

1. 政治道德方面

辅导员除了要有高度的事业心和社会责任感，还要树立坚定的政治立场，保持清醒的政治头脑，把握正确的政治方向。在分析问题、解决问题以及大是大非面前，辅导员需把握方向、时刻清醒，做到学为人师，行为世范言传身教，用自己的言行潜移默化地影响学生，为学生做出榜样，通过感染学生，达到教育学生的目的。

2. 知识文化方面

辅导员每天都要面对思想活跃、求知欲强的大学生，并且时常对学生活动加以指导，因此，辅导员不仅要掌握基本的思想政治教育专业知识，还要努力拓宽知识面，教育学、管理学、心理学、社会学、公共关系学等相关学科的理论知识都应涉猎。同时，辅导员要不断调整和优化知识结构，才能对学生真正做到凡问有答、说之有理、授以真谛，才能疏导学生情绪，寓教育于知识之中。在新媒体广泛应用的今天，辅导员还可以通过信息网络及时了解新闻事实、社会热点，加强工作的针对性。在教育学生时，对于社会的不良现象和负面新闻，辅导员如能熟练运用生动活泼的网络语言进行说明，正确引导，就能贴近学生的心理，事半功倍，提高工作实效。

3. 身心素质方面

良好的身心素质是辅导员扎实有效开展思想政治教育工作的前提和保障，身心素质包括身体素质和心理素质两个方面。健康的体魄是工作的基础，只有好身体，才能产生高能量，应对长时间紧张的脑力劳动和紧急情况下的超负荷运转。健康的心理是工作的要素，只有好心态，才能冷静思考，正确决策，及时解决问题。一个拥有良好身心素质的辅导员会形成一种强大的精神气场，感染并引导学生，不自觉地参与到这种和谐的氛围当中。保持良好的身心状态，有助于辅导员发挥自己的积极性、创造性，提高工作实效。

（二）因材施教，坚持"以学生为本"的育人理念

思想政治教育工作是对人的教育，这就必然要求把"以人为本"作为出发点和归宿点，尊重受教育者的个性特点，遵循受教育者的身心发展规律，是高校思想政治教育工作的根本。

1. 以人为本，关注学生内心需求

在大学生的日常思想政治教育工作中，要更好地结合学生的学习和生活的实际需要，给予学生更多的人性管理和人文关怀，让学生真正从内心接受思想政治教育的理念，从而把这种理念外化为个人的实际行动，从根本上增强高校思想政治教育的实效性。"以人为本"也就是以学生为本，辅导员应明确学生的主体地位，尊重学生、培养学生、发

展学生，树立服务学生的意识，一切从学生出发。辅导员紧紧围绕培养学生主体性开展工作，要走进学生的内心世界，看到问题的本质，以平等的姿态和学生进行沟通交流，了解学生的真实诉求，只有这样才能提供行之有效的帮助，才具有教育的意义和价值。

2. 以心换心，与学生沟通交流

大多数辅导员是高校思想政治教育工作中的年轻队伍，与学生年龄相仿，在时代背景、家庭状况、成长环境等方面与学生有许多相似之处，容易产生共鸣，适合做学生的倾听者和沟通对象。辅导员用自身的成长经历为例，讲述成功与失败，以心换心，引导说服，能更好地教育学生，用真心去倾听，用真心去理解，用真心去启迪，正是这种真心架设起师生情感沟通的桥梁，走进彼此的心灵，达到高效沟通，深入开展思想政治教育工作。

3. 分段分类，进行思想政治教育

教育是因人而异的，针对不同时期，不同类型的学生，辅导员思想政治教育工作开展的侧重点也不尽相同。根据大学一年级学生，初入高校的特点，辅导员思想政治教育工作主要是针对其进行学习态度、行为习惯以及责任感的培养和教育，打好基础；到了大学二、三年级，承上启下，重点应放在学生价值观、综合素养、人际交往等方向的培养和教育；大学最后一年，学生即将离校，踏上社会，此时他们的心态比较复杂，情绪也较为不稳，因此不仅要教育学生克服畏难心理，提高综合能力，还要教育学生摆正心态，正确认识自我。

对于不同成长环境、不同性格、不同困惑的学生，辅导员应采用不同的方式方法开展思想政治教育工作。依据其个性心理特点，对症下药，正确指导，以诚恳的心态和至情入理的分析，指出他们需要努力的方向和应采取的措施。只有根据学生特点，有区别地进行思想政治教育，才能有的放矢，提高工作实效。

（三）开拓进取，创新思想政治教育工作方法

高校辅导员思想政治教育工作的方式方法直接影响到大学生思想政治教育的实际效果。辅导员应在原有的工作基础上，开拓进取，不断创新思想政治教育工作的方式方法，把握时代脉搏，积极探索新形势下大学生思想政治教育的新途径、新办法，充分体现时代性，科学把握规律性，富于创造性，不断增强实效性。

1. 依托网络平台，增强思想政治教育实效性

加强网上思想文化阵地建设，是社会主义文化建设的迫切任务。信息时代，网络在给大家带来便利的同时，也向辅导员提出了更高的要求。目前鉴于大部分学生都习惯于

从网络获取信息，辅导员可以运用微信、微博、QQ群、论坛等新媒体，及时发布信息，给学生提供有效的一手资料。同时还能通过网络及时了解学生的思想、学习、生活和心理状况，甚至通过网上交流，对学生日常困惑、心理问题等进行答疑解惑、疏通引导，更好地贴近生活、贴近学生、贴近实际。对于学生身边的优秀榜样，好人好事，利用网络参与度高的特点，进行广泛宣传，吸引大家共同关注。榜样和事迹最好是发掘本校，本院系，甚至本年级班级内的同学实例，这样极易引起学生共鸣，激发学生的正面力量，营造良好道德风气。对于社会热点、敏感问题、新闻时事，辅导员借助网络平台进行分析讨论，有意识培养提高学生的信息鉴别能力，引导学生正确认识社会现象，准确把握问题本质，提升其对有害信息的鉴别能力和对互联网的免疫力，自觉维护网络秩序，形成良好风气。

2. 重视心理教育，帮助大学生健康向上发展

健康向上的心态，是成功的基础。以青年为主体的大学生，正处于生理和心理发展的关键期，他们精力充沛、求知欲强，自我意识不断深化和成熟，对其有效地宣传普及心理健康知识，传授心理调适技巧十分重要。

在学校，辅导员能用思想政治教育"课程化"解决学生共性问题，通过新生适应性教育、心理健康专题讲座、网络和报刊宣传普及相关知识，使学生掌握基础的心理健康知识，学会正面认识和对待各种心理问题的部分技巧，积极愉悦地融入到校园生活和学习环境中去，建立合理的生活学习秩序和良好的人际关系。而从学生个体上来说，面对不同需求、不同个性的学生时，辅导员需要根据具体情况，运用不同方法进行排解。要深入了解每位学生的成长背景、性格和特点，无论是日常生活，还是应激事件，辅导员都应及时拿出行之有效，切合实际的心理疏导方案，高效开展思想政治教育工作。

3. 发挥党团优势，进一步加强学生活动影响

辅导员面对众多的学生，事务繁杂，工作负担大，在思想引导上应把握关键，要事事关心，但不能事事都抓，应充分发挥党团组织和学生骨干的战斗堡垒作用和模范带头作用。依托党团活动、学生活动为载体，发挥创先争优、引领示范的作用，让学生在活动中找到归属感、增强自信、体验成功，使个人价值得以实现。

针对不同群体可以设计不同活动，积极将学生纳入有意义的群体活动中来，这对于促进大学生培养品格、锻炼意志、综合发展、回馈社会具有不可替代的作用。在活动设计方面，可以集思广益，多方征求学生意见，辅导员只需把握大的方向即可，但要注意避免形式化、娱乐化倾向，要注重学生活动开展的科学性和有效性，挖掘活动内涵。

总而言之，高校思想政治教育工作在不断改革之中，如何提高实效性是一项长期而艰巨的任务。高校辅导员作为大学生思想政治教育工作的直接参与者，只有与时俱进，求真务实，勇于创新，才能为思想政治教育工作带来新的成效。

第四章 高校思政教育协同育人机制

第一节 高校思政教育协同育人机制的内涵

一、高校思想政治教育的协同内容

（一）思想的协同

在全媒体融场域下创建思想政治教育协同育人体系，高校应具有全局意识，加强对全媒体运行机制了解，深究思想政治教育活动要求，然后从宏观角度出发开展顶层设计，肯定自我主体地位，兼顾育人体系中的思想理念、评价体系、制度建设，实现统一。首先，肯定全媒体"融思维"重要性，肯定思想政治教育"宏理念"的存在意义，并促进两者融合。近些年来，强势崛起的全媒体为高校思想政治教育早日达成"提质增效"创造了重要契机。此时，高校在构筑思想政治教育协同育人体系时应做到与时俱进，将"三全育人""四全媒体"融为一体，通过知悉调整大学生思想政治教育所需，知悉新旧媒体的优缺点，以此为据，实现对"纸、网、端、微、屏"的综合应用，本着循序渐进的原则将"融量、融质、融性"工作落实到位，促进"融媒体"积极影响作用的体现。

其次，从动态角度出发对思想政治教育效果进行梳理，在全媒体手段的帮助下，实现对思想政治教育实效的测量和评价。经过了解发现，大学生的思想问题兼具诸多特点，比如反复性、动态性、周期性。众所周知，面对在读大学生，高校肩负着教育和再教育的重任，旨在通过思想政治教育活动的进行，促进大学生综合素质提升。因此，高校在创建和完善思想政治教育评价体系时应注重闭环重塑功能的充分发挥，将全媒体手段视为利器针对该体系的组成要素做必要统计，并进行数据聚类分析，在优化结论的同时发现新的问题，以新问题为参考，针对大学生启动再教育活动。此外，对思想政治教育效果作动态测评，此举又具有查漏补缺的效果，而且能够促使现有体系升级优化，促进内循环的形成。

最后，在全媒体融场域下，网络行为失范现象时有发生，对于高校思想政治教育而言，网络素养已然成了现阶段不得不关注的重要课题，而且需要将其提升至与网络思想政治教育制度建设同一高度。通常来说，在建设网络思想政治制度时高校应兼顾两方面：一是需要将现有的政治规定、运行机制、执行准则等落实到位，另一方面需要适度加大对网络舆情、媒介应用、舆情教育制度的考量，尽可能为网络思想政治教育活动的有序推进奠定基础。

（二）内容的协同

知悉并尊重思想政治教育内容发展规律是创建思想政治教育内容体系的必要前提，同时需要梳理时代发展与社会生活之间的内在联系，才有可能促使教育内容与社会产生互动，让两者处于和谐状态中，且拥有源源不断的成长能力。在新时期全媒体融场域下，高校需要将时代因素融入到理论、实践和管控活动中，以此为据丰富高校思想政治教育内容体系，面对传统内容提取精华，去除糟粕，并注重内容延展，将以下原则视为重点。

首先，强化基本理论内容，结合客观所需促使基本理论内容向着多元化方向发展。从理论角度来看，坚守马克思主义意识形态基本理论内容，有助于高校思想政治教育活动坚持发展方向，且契合时代发展。高校还需要加强对全媒体技术的合理应用，将其作为优化基本理论内容的重要利器。固守基础，并实现创新。高校作为教育主体在满足内容创新二维度要求的同时，还需要赋予思想政治教育内容更多表现形式，并注重其科学性、有效性和人本性的增加。此外，在视听新媒体技术的帮助下赋予课程思政更多趣味性，增加其感染力和实效。

其次，在全媒体融场域下，高校应加大对实践内容了解，将其作为理论内容不可或缺的补充，提升各类学习载体的出现概率，以受众需求为据，体现全媒体是奖学金评定和发放；二是贫困生的识别和资助；三是诚信活动教育开展；班级文明和宿舍文明建设等。同时，思想政治教育实现了对全媒体"号召力"这一功能的应用。

最后，合理管控思想政治教育内容。全媒体融场域下的思想政治教育活动实施效果与外部网络环境之间有着密切关联。高校应具有强烈的危机意识，以事实为据，为网络思想政治教育内容建设和制度建设奠定基础，安排专人负责学校官网建设，注册官方微博、抖音号等，在主流媒体的帮助下，将存在于教育环境中的负能力剔除在外，当全媒体传播如愿在法治轨道上运行时，高校思想政治教育的"纯正度"定会得到改善。

（三）方法的协同

近年来，全媒体时代和媒体融合发展，国家领导人提出"四全媒体"概念，迅速在传播领域内成为焦点。"四全媒体"是指全程媒体、全息媒体、全员媒体、全效媒体。

首先，全程媒体与全过程育人。全程媒体是指全媒体充分发挥交互作用的表达方式，它能够有效化解时空带来的束缚，见证大学生成才全过程。此时，高校需要根据各年级学生学习目标与学生个性化所需，将全媒体手段融入课堂教学、实践活动的开展中，继而促进不同教育目标的顺利达成，将思想政治教育的全过程育人呈现到公众面前，并注重改善。

其次，全息媒体与全方位育人。具体来看，全息媒体依赖技术性载体，为信息传递提供更多路径和选择空间，打破一维物流介质传播所具有的局限性。在开启思想政治教育活动时，高校需要从总体角度出发，借助数据分析、观察法等方式对碎片化资源的发展和传播规律等进行梳理，为学生随时接受教育提供更多可能性，促进立体化协同育人优势的显现，最终实现全方位育人这一目的。

最后，全员媒体与全员育人。全员媒体打破了主体尺度的桎梏。结合思想政治教育活动来看，在全媒体使用人员的推动下，思想政治教育原有的"一对多"特点将会逐渐被"多对多"所取代，助力全员育人目的达成。具体来看以上目标实现需要做到两点：一是在学生党员、党支部书记、二级党委、党委等参与主体的努力下促进纵向层状结构思想政治教育队伍的形成；二是在学生、家庭、社会、学校的推动下完成横向网型结构思想政治教育队伍的组建。伴随着两支队伍"意见领袖"作用发挥，全员媒体能够实现对全员育人格局多层次多维度的打造。最后，实现全效媒体与"三全育人"整体效果。在全效媒体的协助下，"三全育人"公共概率能够得到大幅提升。同时，"三全育人"各环节能够实现彼此衔接，为育人成果的顺利转化创造更多有利条件，给予各参与主体更多责任感。

从以上分析中能够得出，高校必须要出台各种措施来推进思想政治教育协同育人机制。其中，针对内容协同，可以仔细做好以下两点。

1. 政治素养教育协同

思想政治教育开展中，培育学生政治素养是其中主要内容之一，具体内容涉及思想品德教育、思想政治素养教育等。某种层面上，思想政治素养教育其中涵盖党建团建有关内容，学校应该引导学生增强入党积极性，促进多元化党团活动有序开展。从广义层面上看，学生心理教育也属于思想政治模块的内容，辅导员在做好对学生思想政治教育的基础上，还应该做好与学校心理咨询处专业老师的配合交流

2. 就业指导协同

高校教育工作开展中，就业指导是其中主要内容之一。首先，高校教育开展应该严格遵循以就业为导向的原则，为学生开展就业指导期间应该严格结合不同学生的实际有序进行，健全优化高校就业指导平台。其次，学生入学之初，学校便应该为其开展相应的职业规划指导，引领学生确立发展方向。最后，在职业规划教育上，学校还应该将心

理教育机制引入其中

二、高校思想政治教育协同育人的理论基础

（一）马克思主义的普遍联系观和历史合力论

马克思主义从系统科学层面引导我们如何认识世界，掌握社会发展规律，从而来改造世界。马克思主义存在前瞻性的特点，也给人们开展思想政治教育协同育人机制相关分析提供理论支持。唯物辩证法是马克思主义理论中最重要的理论组成，辩证法中的内容核心便是强调联系、发展的观点，从本质上对事物发展规律进行阐释。马克思主义哲学原理的科学性和实践性，为做好大学生思想政治教育协同育人机制分析提供了很好的理论支持。

1. 马克思主义的普遍联系观

唯物辩证法指出人们应该从联系层面来进行问题分析，从全面角度对事物进行分析。高校教育教学实践工作开展中，思想政治教育作为其中重要组成部分，与不同领域和其他学科之间彼此影响和关联，共同构成系统健全的高校学科教育体系。其中，高校思想政治教育工作顺利开展，除了要求协调高校内、不同高校间以及高校外多元化育人要素关联，确保这三个层面能够协调发展并维持一致性，还需要关注三者内部不同要素的协调和配合。

马克思唯物辩证法理论中，普遍联系观点是其中重要的基本原则之一。马克思指出，事物间及其内部不同要素之间存在彼此制约与影响的关系。事物普遍联系观集中表现为联系具有物质统一性的特点。世界万物均处于普遍联系之中，不管是在精神世界，还是在物质世界，普遍联系性是无处不在的，并且联系还具有客观性特点，人们的意志不会对联系产生影响。当且仅当处于普遍与客观的联系中，万事万物才得以不断向前发展。

联系具有普遍性能够从下列两个角度进行理解。首先，任何不同事物间均具有彼此依赖并相互影响的联系；其次，同一事物内部不同要素的联系也是彼此作用和制约的。所以，事物发展中，普遍联系是固有存在着的，涉及不同事物之间以及同一事物内部不同元素之间的联系。普遍联系中，相互作用也是其中基本内容。其中，相互作用能够体现在彼此促进、制约或者彼此转化，呈现出事物发展的最终发展趋势。整体来讲，普遍联系的基本主体以物质世界为主，多元化、复杂性是高校思想政治教育的主要特征，教育对象、实践活动以及教育主体均能够算为其中的参与者，彼此间构成具有联系的统一体。

协同育人机制便能够理解为该有机整体的主要表现形式。此外，作为一种社会行为，

思想政治教育在构建高校内部协同育人的基础上，还非常关注不同学校之间以及高校与社会等不同主体间的协同育人建设。强调不同主体间的联系性。高校思想政治教育开展中，在其中引入普遍联系的观点，便能够愈发关注不同主体存在着的联系整体性，并且能够从整体层面，确保不同主体要素能够有序向前推进。

2. 恩格斯的历史合力论

恩格斯强调，历史合力理论思想中，其中涵盖"交互作用""合力思想"等相关理念，有助于对高校思想政治教育协同育人机制进行更为系统的研究。思想政治教育工作开展中，应该关注不同育人主体合力，在高校内建立健全完善系统的协同育人体系，在确保不同育人主体能够彰显自身优势的基础上，也能够增进彼此配合确保能够朝着更好的未来共同努力。此外，为了提升思想政治教育发展水平，也应该增进校际交流合作。要有效地将高校的各个部门体系联合起来，形成统一的教学目标，制定合理的管理制度、奖罚分明的督促机制，可以有效激励教师提升自身的教学能力，在课程思政方面善于用心，对于学生来说有了考核与奖罚的激励与督促，能从内心产生重视感，清楚思政教育与专业课教育同样重要。

高校的院校之间的合作要加强，打破术业有专攻的传统理念，可以开设院系之间的公共课模式，鼓励学生扩充自己的知识面。通过不同专业老师之间的磨合和协作可以总结出更有效的课程思政路线，为未来的高校思政教育道路奠定坚实的基础，真正实现我国的高校教育质量化。

（二）协同理论

协同理论作为一种理论形式，其产生起源于协同学的提出，20世纪70年代初著名物理学家、德国斯图加特大学教授哈肯创立了协同学。它主要研究远离平衡态的开放系统在与外界物质或能量交换的情况下，如何通过自己内部的协同作用，自发地出现时间、空间和功能上的有序结构。这就说明了协同学是研究系统内部各子系统之间相互影响、相互联系的运行规律，对其相互作用结构的分析，形成系统的合力结构，使系统有序运行，发挥系统的整体优化功能。

所谓协同，是指一个大的整体系统在子系统自动适应调节或者借助外部指令的条件下，各子系统之间呈现出相互配合、相互作用的关系，并且相互协调，产生所谓的"协同效应"。协同理论的基本目标就是走向有序的结构，实现功能的最大化。走向有序结构是由协同理论的主要内容和基本原理所决定的。协同理论是由主要内容和基本原理组成的。

1. 协同理论的主要内容

主要内容包括序参量和快变量与慢变量。哈肯用序参量来解释系统的有序演化过程机制。如果某个参量在系统演化过程中从无到有的变化，并且指示新结构的形成，反映新结构的有序形成，它就是序参量。序参量不是系统当中某个占据支配地位的子系统，而是大量子系统集体运动的宏观整体模式的有序程度的参量。它一方面是系统内子系统相互协同和竞争作用的结果；另一方面又支配着子系统的作用，决定着整体发展的过程。序参量和各子系统之间的关系是相辅相成的。一方面，序参量是各子系统相互作用而产生的；另一方面，序参量在临界状态下起着支配子系统行为的作用。快变量与慢变量是相互作用、互为前提条件的。快变量虽然在临界过程中非常活跃，但对整个系统的演化发展没有明显的影响，是处于次要地位的；而慢变量是指在临界处由于平衡状态的破坏，某种偶然的因素就会导致临界涨落，其中一个或几个变量会产生临界慢化，出现临界无阻尼现象，它们不仅不衰减，而且决定系统相变的形式及特点，决定或支配其他变量的变化，进而推动系统走向新的有序，这种变量被称为慢变量。只有在三大原理的指导下协同理论才能发挥作用。

2. 协同理论的基本原理

第一是协同效应，也称作协同作用，协同效应是指由于协同作用而产生的结果，由于复杂开放系统中大量子系统相互作用而产生的整体效应或者集体效应。对各种各样的自然系统或者社会系统而言，都存在着协同作用。协同效应是系统中有序结构形成的动力。任何复杂的系统，在外界能量的作用下或者物质的集聚状态下达到临界值时，各子系统之间便会产生协同作用。

第二是伺服原理，是指协同效应的产生要经过各因子的共同作用，此作用产生中变化慢的因子支配变化快的因子。总之，快速变量服从慢变量，它在系统内部相互作用的情况下，描述了稳定因素与不稳定因素的自我组织过程。在系统转换中不起主导作用的快变量受系统转换过程中起主导缓慢变量的约束。伺服原理要求我们注意主导系统发展的主要因素。要正确选择序参量，因为它是掌握全局、支配系统演化的整个过程的。

第三就是自组织原理，自组织是相对于其他组织而言的。他组织是指组织指令和组织能力来自系统外部，而自组织则指系统在没有外部指令的条件下，其内部子系统能够按照某种规则自动形成一定的结构或功能，具有内在性和自生性的特点。自组织原理是指系统内部能按照一定的客观规律自发地向平衡有序的内部自动转化的过程。自组织原理说明，在外部能量流动、信息流和物质流输入的条件下，系统将通过大量子系统之间的协同作用，形成新的时间、空间或功能的有序结构。自组织原理发生作用时需要三个条件，它们是：系统是开放的，足以与外界沟通交流；系统运行不平衡；系统的非线性操作，即任何要素之间发生细小的变化都能引起系统变化，协同理论即协同学是一门横断科学，近年来被广泛应用在社会科学中。它是一门在普遍规律支配下的有序的、自组织的整体行为的科学，目标是在千差万别的科学领域中确定系统自组织赖以进行的自然规律。按照

协同论的观点来说，大学生理想信念教育工作是一个多要素构成的复杂开放系统，内又含有多个子系统，其系统中的所有子系统都是基于同一个目标而运行的，而大学生群体在一定程度上是具有自组织性的，因此，将协同理论应用到大学生理想信念教育体系中，是为了形成一个良好的互动交流协作机制，不断优化整体系统要素，其所凸显出来的功能及作用是不可或缺的，这种效果是不能通过各元素的独立作用和各要素功能的简单叠加来实现的。因此，协同理论作为资源共享和系统内部要素的最佳组合形式，为大学生理想信念教育协同育人机制的发展指明了方向，具有重要的启示意义。

第二节 高校思政教育协同育人机制的优势

一、高校思想政治教育协同育人的基础

（一）一致的教育目标明确协同方向

人们不管从事何种社会活动都带有明确的目的性。在社会历史领域内进行活动的，是具有意识的，经过思虑或凭激情行动的、追求某种目的的人。如果个体具备充分的思想意识，那么其在实践过程中就能积极发挥自身的主观能动性，采取有效措施达成自己的目的。这也可以激发人们参与生产活动的积极性，高效实现各种目的。通常情况下，个体有着不同的利益，他们的追求和目标也各不相同。不过，如果多个个体处于同一体系当中，那么他们之间存在共同利益诉求的概率也会更大，正是因为有着共同的利益诉求，他们才更有可能在一个系统中长期共存。在高校内部，之所以可以将专业课和思想政治理论课联系起来，最终达成协同育人的目的，就是因为两者所持有的教育目标在根本上是一致的。作为开展思想政治教育的主要阵地，思想政治理论课主要是帮助学生学习更多的马克思主义知识，让他们可以在大学阶段就更好的立德树人。在高等教育的具体教学工作开展过程中，专业课的作用是为社会培养更多全面发展的人才，所以从这个角度来讲，两者可谓是异曲同工，目标一致。

一方面，树立了正确的目标，可以为发展指明方向。任何事情的发生都不是没有自觉的意图，没有预期的目的的、个体从事任何活动都离不开自身意识的指导，正是因为

意识在发挥着重要作用,所以个体才能在实践中顺利达成既定目标。而高校教育所肩负的任务就是为国家和社会培养综合素质较高、可以全面发展的优秀人才,让他们可以在社会上做出自己的贡献,为国家发展与社会进步起到积极作用。要想实现这个目标,高校就要积极促成专业课和思想政治课程的有机融合,让两者可以协同发展,最终达到育人的目的。正是因为有了育人这个共同的目的,所以专业课可以和思想政治理论课程协同发展,同向而行,这也是两者能够实现价值融合的关键契合点,可以为高校的发展指明方向。有了这个前提和基础,高校进行协同育人也就有了明确的目标,可以积极实现教育资源的优化配置,将协同作用充分发挥出来,创造一切条件更加高效地实现既定教育目标。另一方面,正是因为有了目标的存在,才能将更多的力量聚集起来。当教育目标得以确立,实现专业课和思想政治理论课程的融合也就有了动力与基础,各种教育资源可以在最短的时间内达到最优的配置效果。另外需要强调的是,协同育人强调的是协同的作用,不是让其中的某一个学科自己起作用。也不是将多个学科毫无意义的叠加起来。正是因为有了协同,所以教育的动力得以产生,教育目标更容易实现。好的教育目标可以让人们看到目标和行动之间的差距,才能更加主动地发挥个体能动性,通过积极发挥创新精神而推动实践发展。在个体的不断努力当中,自身的素质可以得到提升,也能更好地满足社会发展需要。也正是因为有了发展动力,教育资源可以优化,各种力量得以协调,所以协同育人工作发展也就更加顺利。高校应该坚定不移地树立立德树人的发展目标,坚持一切从实际出发,实现教育育人和价值引领的有机融合,坚持服务与管理同步发展,在实践中完成时代赋予的责任。

(二)互补的教育内容奠定协同基础

之所以认为专业课和思想政治理论课之间具有互补性,主要是因为两者可以共同满足社会发展的现实需要。任何教育内容所体现的都是教育目标。从专业角度来说,专业课和思想政治理论课之间的互补关系并不强。不过如果将两者放置在社会发展的体系中来审视,那么其互补性就得以体现出来。在教育过程中,教师将各种教育内容传授给学生,学生将这些知识消化之后又应用到实践当中。在这个过程中,学生可以得到全面发展,也能顺利实现社会教育目标。高校在促成专业课和思想政治理论课的融合过程中,要保证学生将两方面的学习同时兼顾到。

所以在具体的教学过程中,教师需要帮助学生树立正确的"三观",端正政治立场,让学生可以做到德智体美劳全面发展,不能让学生只会自己专业领域内的知识,而对提升道德修养毫不重视。

从本质上讲,思想政治教育就是对学生进行道德与思想方面的培养,把社会主流意识思想灌输给在校大学生们。在学生提升思想品德水平的过程中，思想政治教育所起到的作用不容忽视。大学生正处于思想意识最为活跃的阶段，他们的三观正在形成当中，很多思想和理念并不成熟，也不是很有主见和辨别力。所以，如果在面对不当言论时可能就会轻易受到影响。这对大学生的发展显然是不利的，严重的还会影响国家和社会的发展，这也给高校开展意识形态教育带来了很多的挑战。尤其是在反马克思主义思潮较为猖獗的情况下，高校应该重视意识形态领域的建设工作，积极作为，争取意识形态领域斗争的胜利。在具体的教育工作开展中，高校应该以思想政治理论课堂为主要战场，引导学生更加系统全面地学习马克思主义理论知识，端正学生的思想意识，让他们树立正确的世界观、人生观和价值观，更加扎实地学习各种理论知识，并将其积极应用到实践当中，为国家和社会做出应有的贡献，让自己的社会价值得以实现。

（三）统一的教育管理推动协同发展

从一定意义上说，高校专业课和思想政治理论课都是教育活动的具体形式。

虽然涉及的要素多种多样，但是各要素之间的关系非常紧密，他们相互配合，高校才能更好地完成人才培养工作。高校如果可以实施科学有效的教育管理，那么就可能对各项协同育人工作健康有序发展。

高校思想政治工作的开展受到了社会各界的广泛关注。所以从高校的角度来说，需要审时度势，紧跟时代发展的步伐，实现目标导向和问题导向的有机融合，坚持一切从实际出发，革故创新，逐步健全与完善顶层设计，为教育领域的改革打下牢固的基础。具体的创新工作可以从六个方面开展：一是育人方式；二是办学规模；三是教育方法；四是培养模式；五是管理体制；六是评价机制。这些创新工作的完成，可以为培养全面发展的高校人才做好铺垫。

时代在不停地进步，高校必须审时度势，积极改革自身教育机制，制定明确的教育发展策略，紧跟上时代发展的步伐，这也可以为协同育人工作的开展打下坚实的基础。积极推动专业课和思想政治理论课的有机融合，是顺应时代发展的创新之举。高校在这个问题上要具有前瞻性，积极打造具有时代性的育人格局，创造尽可能多的条件推动专业课和思政课的协同发展，对当前的育人体系进行完善和健全，将教育在国家和社会发展中的积极作用充分发挥出来。

（四）大学生的身心发展特点和认知特征

当代大学生的思想认知、思维方式、行为举止等都深深地打上了时代的烙印。一方面，互联网交流逐渐代替了传统的交流方式，足不出户，可知天下事，由此产生的各种对大学生发展有利的、有弊的相关因素也随着互联网进入大学生的生活，对大学生的思想与行为进行着潜移默化的影响；另一方面，信息化时代的发展速度与扩散范围是既广又深的，这就导致了他们在接受这些信息的时候会存在不加筛选的盲目吸收。从而影响他们个人认知系统与人格塑造的正确构建与良性发展，了解和把握大学生的身心发展特点和认知特征仍然是研究大学生思想政治教育协同育人机制重要而紧迫的任务。

1. 自我意识强，但不够成熟

大部分学生对自己的奋斗目标都能有一个明确的定位，时间安排比较合理，并且能够根据自己的实际情况与实际需求，制定适合自己发展进步的计划，克服在自己前进道路上的"绊脚石"，培养坚强独立的个人人格魅力。但是，他们也存在着意志力水平不稳定，专业知识汲取不够的情况，这种情况往往是因为他们在大学没有养成良好的行为习惯。不能很好地将头脑中的意识内化为自己的行动，在做出比较重要的决定及抉择之时，往往特别需要师长的意见。

2. 大学生的个性心理及认知特点

大学生的个性心理及认知特点发生了很大转变，即从内向到外向，从依赖到独立自主，从关心自我到关心社会。随着经济社会的不断发展，社会的竞争压力不断增强，优胜劣汰在当代大学生就业上愈发显著。大学生要想在离开学校后在社会上生存与发展，成为时代的弄潮儿，就必须要认清自己的现状，立足于个人实力，不断地学习与创新，以不断提高自己适应社会的发展。因此，提高大学生思想政治教育的实效性就要从了解大学生的具体身心特点及成长情况入手，从大学生的思想实际出发，寻找相应的目标、内容、方法和途径，深入把握大学生的个性差异、家庭背景和社会环境、并将这些因素协同起来，才能形成大学生思想政治教育协同育人机制。

二、大学生思想政治教育要求

高校进行思想政治协同育人教育可谓是大势所趋，第一，当前的现实情况为高校教育带来了很多新的机遇和挑战，而协同育人则可以很好地迎接机遇，接受挑战；第二，从问题导向的角度来看，现阶段大学生思想政治教育其实存在着很多问题，需要通过协同创新的方式加以解决；第三，从未来发展趋势来看，协同育人可以有效地推动高校思想政治教育工作迈上一个新的台阶。

万事万物的发展变化都离不开环境，大学生思想政治教育工作也是如此，必须要与时代发展相吻合。在进入新的历史时期之后，大学生思想政治教育工作也遇到了很多新的挑战，再加上国际形势的风云变幻，学生自身的差异化发展，都要求协同育人同步做出调整与改善。

（一）当前思想政治教育亟须加强协同创新

1. 高校扩招对教育教学质量要求增大

近年来，我国高校一直在进行扩招，这项政策推出的主要目的就是希望让更多的学生可以获得走入大学的机会，提升国民教育的公平性，将高等教育的福利提供给更多的家庭和年轻人。同时。在高校扩招政策的推动下，社会就业压力也会因此而缓解。随着高校的扩招，学生数量倍增，而高校不管是教学场地、设备还是教师力量都远远跟不上发展速度，在这样的情况下。学生的学习质量也成为社会各界较为担心的一个问题。现阶段，很多高校需要对当前的教育资源进行系统整合与配置，优化教学结构，实现各个队伍之间的密切配合，才能在有限的教育资源背景下将思想政治教育工作更好地完成。

2. 智能化分工需借助协同力量实现效率飞跃

在具体的管理方面，高校所奉行的主要是精细化管理，需要对思想政治教育工作领域进行全面覆盖，只有这样，最终的教学质量才能有所保证，也能够为学生提供更加细致入微的服务。

3. 高校辅导员和思政课教师队伍建设的需要

从工作职能上看，高校辅导员和思想政治理论课老师可以说是各司其职，不过也不能因此就认为这两个岗位之间一点干系也无，准确地说，两者之间应该属于同向同行的关系，最终可以实现协同效应。在大学生思想政治教育工作中，辅导员和思政课教师其实是相互配合的两支力量，不过在实际的教学过程中却并不如此，两者之间的沟通与交流非常少，工作不能配合。所以，要想真正意义上实现协同育人。就要在两者之间建立必要的联系：第一，加强两者之间的协同，这对课堂教学和日常管理都大有裨益。思政课教师可以参考学生的日常表现开展教学，这样教学的针对性就强，而辅导员也可以根据学生的理论学习程度进行有侧重点的日常管理，帮助学生查漏补缺；第二，思政教育工作涉及的内容和要素很多，所以需要对其中的细节进行通盘管理，加强内部联系。其实在实际教学过程中，很多教育工作并不是泾渭分明的，重叠情况时有发生，而协同育人的作用就是消除这些不必要的重叠，实现资源优化配置，积极提升教学效率。

（二）协同育人有利于促进大学生思想政治教育发展

1. 强化大学生思想政治教育的实效性

通过大学生思想政治教育协同育人机制可以使各种教育资源、教育力量、教育主体实现相互配合、协调推进、良好衔接和功能互补，深刻体现继承性和发展性的重要途径。在社会环境、工作条件、教育对象不断发生变化的今天，必须协同各方面的力量，在大学生思想政治教育的内容和方法、手段上不断加以改进和创新。作为培育"时代新人"摇篮的高校肩负着历史和时代的重任，其理想信念教育工作在国内外环境比较复杂的条件下任务更加繁重，也就是说，新时期对大学生思想政治教育工作的要求更高了，期待也更高了。在大学生思想政治教育的理论和实践研究活动中，要将"协同"理念贯穿其中，使大学生思想政治教育协同育人机制内部的子系统相互配合、相互促进、共同发展。为培育新时期的具有坚定理想信念的大学生奠定扎实的基础。唯物辩证法中指出，联系是一个普遍的哲学范畴，是指一切事物、现象之间以及事物内部要素之间的相互依存、相互影响、相互制约和相互作用。联系具有普遍性、多样性、客观性的特点，这就要求我们用普遍联系的观点分析和思考问题，坚持全面性。大学生思想政治教育是一项重要而复杂的教育实践，与各领域、各部门、各个方面互联互通、相互制约、共同发展，是一个普遍联系的有机整体。构建大学生思想政治教育协同育人机制这一教育实践活动，不仅要考虑到家庭、学校、社会三者之间的关系，要重视三者之间的联系和协调作用，使它们协同工作，还应该考虑教育领域中各要素之间的互动与协调。如果在研究大学生思想政治教育协同育人机制的过程中，我们不知道如何从普遍联系的角度看问题，只关注一个领域、某一部门的发展，肯定会对其他方面产生影响，甚至阻碍整个育人功能的发挥，因此，在不建立健全协同育人机制的过程中，要将大学生理想信念教育的各个育人要素纳入到协同育人机制建设中，这样才能使资源得到合理配置、发挥最大的功能，才能使大学生思想政治教育协同育人机制更好的发展。大学生思想政治教育实效性是由家庭、社会、学校及学校内部的各子系统之间和谐发展与要素互动的综合效应。实效性是要求思想政治教育工作者。努力用最少的时间和精力采取最佳的方法，实现最理想的大学生思想政治教育成效。

2. 增强大学生思想政治教育的协同效应

协同育人可以激发出思想政治教育所具有的协同效应。所谓协同效应，指的就是多个因素在相互配合的过程中积极发挥作用，最终达到整体增强的发展目的。具体地说，大学生思想政治教育工作主要包括两方面内容。一是理论课程，二是日常教育。这两者相互支撑、互为补充，如果想要顺利推进大学生思想政治教育工作的发展，就要将两者有效地融合在一起，让其相互支撑，共同进步。这样才能达到全方位育人的良好效果。

在大学生思想政治教育过程中，理论课程可以说是教育开展的主渠道，其发挥的作用至关重要。正是因为设立了理论课程，思想政治教育工作才能推进得有条不紊，从最近几年的发展情况来看。随着教育改革的不断推进，思想政治理论课建设工作也取得了很多成效。客观来讲，这是一个包罗万象的大系统，其中涉及的要素纷繁多样。因此，在关注这个主渠道的同时，也不能放松其他渠道，只有将主阵地、多渠道的作用都发挥出来，思想政治教育工作的开展才会更加顺利。假如让理论课堂承担了所有的教育任务，那么主阵地的压力就会空前增大，思想政治教育的开展就不能完成全方位的覆盖，其影响力会逐渐削弱，最终的教育效果也将不尽如人意，其实，思想政治教育属于社会实践的范畴。在我国的各个领域，思想政治教育都在潜移默化地发挥作用。所以，开展大学生思想政治教育工作有着广泛的社会基础。当然，高校教师是其中当之无愧的主力，不过高校辅导员、党组织成员甚至是学生的父母也都是这项教育工作的主体。如果各项条件具备，还会有更多的人在这项工作中作为主体出现，帮助大学生解答学习和生活中的疑惑，为他们传道授业。另外，大学生思想政治教育活动的社会性也非常明显，不管是在学习还是生活中，大学生的一言一行都会受到道德规范的约束。日常生活看似随意，其实他们的很多思想品德都是在日常生活中逐步形成的，高校在开展思想政治教育时，也应该对大学生的现实生活进行认真审视，选择最为适宜的切入点。随着网络时代的发展，大学生早已熟悉了新媒体。所以，高校也应该对网络予以足够重视，通过先进的技术手段积极开展网络思想政治教育。

总体而言，大学生思想政治教育工作具有较强的复杂性，要想将这项工作做好，需要将系统中各项因素的积极作用都充分发挥出来，实现专业课程和日常教育的协同发展，运用创新思维和理念打造更为完善的教育格局。

3. 确保大学生思想政治教育目标的完整性

协同育人可以保证对大学生思想政治教育工作目标的完整性。高校针对大学生开展思想政治教育工作，其实就是在教给学生应该如何成为一个合格的社会主义接班人。每个个体都是知行合一的整体，也兼具了德智体美劳等各项特点。虽然在思想政治理论课和日常教育中存在很多差异，不过其根本目的都是为了立德树人，帮助大学生提升综合素质，所以要将两者有机融合在一起，这可以为顺利达成大学生思想政治教育目的打下牢固的基础。

任何人都身处于社会当中，社会就是由一个一个的人共同组成的。从本质上说，人就是在其现实性上，它是一切社会关系的总和，人不管是生存还是发展都和社会息息相关，而社会的发展也离不开人在其中所起的作用。所以，人的全面发展指的是充分发挥他们的主观能动性，丰富其社会关系，让其技能与品质可以同步发展，为社会进步做出更大的贡献。所以，高校要坚持立德树人，将理论课程和日常教育紧密联系在一起，将两者的优势都充分发挥出来，积极提升学生的思想道德和修养水平，让其可以实现知识与能力的同步提升，进而实现全面发展。

（三）协同育人有利于促进大学生全面发展

教育教学体系是一种完整的教学系统，各参与部分之间关系紧密，并以实现协同发展和综合发展作为机要和目的，但这一体系运作中存在着极大的问题，相关的体系改革和建设就显得极具必要性。首先，以高校辅导员为首的高校教学辅助教师，除了从事教育辅助作用，还承担着高校思政教育的作用，但是实际发展现状是，这样的思政教育工作安排使得高校辅助教师工作管理和思政教育体系剥离，深层次的思政教学工作得不到实现，因此高校辅助教师与高校思政教育的关系是不容忽视的，需要高校辅助教师及时与高校思政教师沟通联系，共同促进学生进步。其次，当前高校思政课内容学习与更新都是极具时代性的，因此思政教师在教育过程中必须重视自身实践能力的提升，还应该建立起完整的思政教育长效机制，实现教书、实践、科研、管理和服务育人五位一体的育人系统，并不断转变教学模式，加强学生的实践教育，最终从根本上实现思政教育的目的与优化。

就高校思政课特殊含义方面来讲，学校需要通过其系统的教育方式和内容，把大学生培养成为具备正确的社会价值取向，能够适应社会发展需求新道路的新人。就高校思政教师需求方面来讲，高校思政教师必须具备极强的专业技能和思想素质，在实现对党的相关政策政令、路线方针等宣讲的同时，重视和加强对高校大学生的时代性思想政治教育，引导学生培养积极的思想政治意识和素养。真正意义上的思政教育必然要借助教师的教学理念和方法来实现学生思想道德素质的提升，通过全面系统的教育来引导学生学会积极热情地探索和解决问题，通过与社会发展紧密相关的实践活动来加强学生的自身实践，达到学生德智体美劳共同发展的目的。

三、思想政治教育协同育人的可行性

高校之所以可以实现思想政治教育协同育人，主要是因为两者在这个系统中都发挥着积极作用，内在联系非常紧密。正是因为存在着千丝万缕的联系，两者才更有可能实现协同。

（一）高校思想政治教育协同育人同质性

高校思想政治教育协同育人在高校思想政治教育工作中所起到的作用举足轻重，关于这一点，其重要性不仅体现在理论研究上，在实践中重要性也是一样的。从这个角度来讲，两者具有一致的归属性。其实，高校思想政治教育体系非常复杂，而且还处于动态发展的过程当中，整体体系时而有序，时而无序，正是因为两者之间存在着转化关系，所以体系协同才更具可能性。如果将大学生思想政治教育视为一个整体，那么这个体系

就有着明确的发展目标，有需要达成的任务，也会涉及明确的教育内容与方法，这些要素相互作用，共同构成了完整的教育体系。从宏观层面来说，该系统属于高等教育系统中的一个子系统，所以不管是目标设定还是实现各项功能，都必须严格按照高等教育的系统要求来执行。从自身发展来看，该体系内部也是错综复杂，涉及的教育内容应有尽有，不管是世界观、法制观还是道德观都是其中的重要内容。然而，机制运行需要人力物力等资源进行配合，同时管理学、心理学的理论也会在其中发挥作用。在大学生思想政治教育体系中，协同育人是其中非常重要的子系统，在工作开展过程中，两者也各自有着自己的体系与发展规律。同时需要注意的是，大学生思想政治教育其实和其他教育系统之间的关系也非常密切，比如党政系统、科研系统等。正是因为这些要素纷繁多样，所以大学生思想政治教育系统的复杂性才非常之强。

而且，该系统不管是主渠道还是主阵地，他们各自的系统都有着明显的特点，比如动态开放性、整体性等。正是因为有着这些具体属性，大学生思想政治教育工作才能顺应社会迅速变化的需要，积极调整自身结构，优化教学方法，在新的历史时期更好地满足学生的实际需求。另外，因为系统开放性的存在，所以高校开展思想政治教育工作需要保持和外界的密切联系，及时对子系统的功能进行合理调整，为后续的发展打下坚实的基础。所以，要讨论协同育人这个主题，就要将其放置在大学生思想政治教育的复杂体系中进行全盘考虑，这样才能满足系统论的相关要求，才能更好地完成对系统要素的优化配置，实现系统内部的平衡与协调。一般来讲，协同育人的主体有两个：一是思政课老师；二是高校辅导员。他们都需要重视对信息的汲取，要把握时事发展的趋势，要将自己的所学所想传授给学生，正确规范学生的言行，对他们的思想进行合理引导。只有经过谆谆教导，学生才可以更好地接受这些信息，并将这些内容转化为自己的知识，用以指导实践。从这里可以看出，正是因为思想政治教育工作非常复杂，协同育人才更有可行性。所以需要对系统中涉及的要素进行系统整合，将其整体效应充分发挥出来，最终形成强大的教育合力，才能在高校中打造更为完善与科学的育人格局。

（二）高校思想政治教育协同育人互补性

所谓协同指的是各种要素相互作用，最终在共性和个性方面达成了统一的关系。要想实现协同，前提和基础就是对各要素之间的关系进行协调。高校开展思想政治教育工作也是如此，专业课和思想政治教育课不管是在体系中还是工作中都存在千丝万缕的联系，只有实现组织结构的优化，协同工作才能推进得有条不紊。两者是辩证统一的关系，是落实协同策略的重中之重。体现在具体工作中，协同育人工作在教育目标、具体内容、实际方法等多个方面都存在紧密的关联。

1. 育人目标的一致性

　　目标是方向，目标是旗帜，目标也是和谐。协同指向的是各种力量的整合、协调以发挥整体的效应。大学生思想政治教育协同育人机制涉及的是不同主体之间的充分协调与合作，但是这些主体本身的利益不尽相同，有些协同是在几方面主体互相协商的基础上达成的，而有些协同则需要通过制度层面的约束才能够达成。所有协同都涉及目标问题，目标是否一致直接影响协同效果的达成。在社会历史领域内进行活动的，全是具有意识的、经过思虑或凭激情形成的、追求某种目的的人；任何事情的发生都不是没有自觉地意图、没有预期的目的，所以说目标的一致，是一切工作和事业成功的必然要求和根本保障。大学生思想政治教育协同育人的基本原则是基于目标的同一性，但很多时候各个育人主体的目标并不是完全一致，而且有时候目标冲突也可以达成协同，比如在开展思想政治教育的时候，辅导员组织大家参加志愿活动，辅导员的目的是希望学生更多的关注社会、融入社会、坚定理想信念，而少部分学生在具体的实践中可能考虑更多的是活动后所得到的学分，这就存在目标的冲突，但是并不影响这项具体工作的落实。其次是利益，可以分为利益协同和利益冲突，利益协同主要是指需要协同的各方面利益主体有相互依赖性，一方需要借助其他各方面的资源来达到目标；利益冲突主要是指各方面在利益方面不存在相互依赖性，这种情况下协同是不可能自动形成的，而是需要一定的强制力来推动协同的实现，或者是各方主体意识到离开协同就导致自己利益不能实现而妥协导致的协同。目标协同是大学生思想政治教育协同育人机制的基础。要让每个育人主体都具有相同的价值认同和经济诉求是很难实现的，但在共同培养的过程中，当每个育人主体都为了自身的"利益最大化"这个最终目标而奋斗时，就很难达到良好的教育效果。

　　因此，所有育人主体都有责任和义务创造一个得到广泛承认和包容的思想政治教育协同育人环境，建立各方都能接受的利益的结合点，形成这样一个总目标：相互理解，相互承认，消除障碍，加强融合，最终形成协调发展的局面。

　　育人目标指引教育内容、育人方法和育人方向。育人目标贯穿思想政治教育全过程，渗透在思想政治教育的全方位。时代在发展，思想政治教育协同育人目标体系的内涵也在不断丰富和创新，思想政治教育协同育人机制的目标也应符合时代的发展和实践的要求。思想政治教育的根本育人目标始终指向"培养什么样的人、如何培养人以及为谁培养人"这个教育的根本问题，思想政治教育协同机制各育人主体要坚持统一的育人目标，即培养社会主义的建设者和接班人。大学所要培养的人才是要能担当民族复兴大任的时代新人。培养和造就合格的时代新人，光靠某一位教师的一己之力完全不够，需要学校的教职工全员参与，建立协同育人机制。

2. 教育过程的融通性

高校开展思想政治教育工作的形式多种多样，可以在课堂之上，也可以在实践当中，可以实施线上交流，也可以通过线下互动来完成。不管是虚拟慕课还是现场教学都能达到类似的教育效果，学生可以在潜移默化的学习中得到深刻的领悟。

具体的学习内容也非常丰富，学生在这个过程中可以学到系统的理论知识，也能获得道德修养方面的提升。总体而言，整个教育过程中每个环节之间都有着密切的关联，融通性很强，而且可以随着时间和空间的推移而延展。高校思想政治教育工作的开展涉及育人过程的方方面面。第一，在课堂教学方面，可以帮助大学生树立正确的"三观"，这样他们在今后的道路上可以具备明辨是非的能力，不会因为纷纷乱世而迷茫，最终走上错误的道路；第二，在日常教育过程中，学校可以创造条件多进行活动建设，为合理开展育人教育打造多个平台，这样就可以帮助学生更好地理论联系实践，让其在成长中有所领悟。

其实在育人过程中，主渠道和主阵地之间一直存在着密切的关联。如果没有理论教学，那么开展实践活动也就没有了可以依托的准则。同理，如果实践环节缺失，那么学生就无法对枯燥的理论有深刻的理解，他们也就不能更好地学以致用。正所谓"知行合一"，只有将"知"和"行"有机统一起来，协同育人的作用才能得以充分发挥，两者之间的互补作用才能得以体现，这是符合新时期发展理念和要求的新的教学尝试。

3. 教育内容的衔接性

在具体的教学内容中，高校思想政治教育不可避免地要关注一些方面。开设理论课主要是进行理论宣传和思想教育，帮助学生树立正确的世界观、人生观和价值观，形成法治观念，全面提高大学生的道德修养。然而，日常思想政治教育是从培养学生的生活习惯和实践能力开始的。虽然两者之间存在明显差异，但相关性更强。第一，理论可以在实践中起到指导作用。如果过分注重理论的灌输，而忽视学生实践能力的提高，理论课的作用就无法发挥。而且，由于不能达到学以致用的效果，学生对理论课的兴趣也就不强。随着时间的推移。他们可能会对课程感到厌倦，第二，如果理论上存在分歧，这种偏差可能会在实践中无限放大。如果大学生没有正确的理论来指导他们的活动，他们的实践活动就会迷失方向，最终陷入迷茫。帮助学生解决学习和生活中遇到的各种思想问题，纠正他们的思想偏差，使课程的实用价值得以体现，实现马克思主义理论与日常生活的有机联系，把优越的理论知识落实到生活的细微之处。学生在日常实践中必须以理论为指导。无论是在校园文化建设中，还是在党团活动中，理论的指导作用都不容忽视。

只有这样，理论联系实际的现实意义才能显现出倍增效应，在这个过程中，理论学习的内容才能得到巩固和加强，协作教育的效果才能得到升华。

4. 工作方法的借鉴性

高校思想政治教育协作教育的重点是教育，在具体工作方法的选择上可以取长补短，实现目标的方法有很多，最重要的评价标准是它是否有效。只要我们能够坚定不移地践行"立德树人"，只要选择的方法足够科学，就应该积极地运用到教学实践过程中去。随着网络信息的普及，现代大学生有了更多的渠道获取更多的信息和知识，因此教学方法也应该与时俱进，顺应学生的学习习惯，用更多可接受的教学语言和方法提高学生的学习积极性。而且，在开展思想政治教育的时候，我们也不应该完全放弃传统的思想政治教授方式。通过这种方式，可以提高高校管理团队的学术高度，学生会对高校教师有更多的尊重，与教师的关系也会更加和谐。实际上，思想政治理论课的工作方法可以概括为"晓之以理、动之以情"八个字。它也是教学与推理有机结合的一种方式。在具体的教学工作中，教师可以给学生讲各种各样的故事，并为他们播放PPT。显然，这种方法在效果上要优于枯燥的说教，能够达到动情的目的。日常思想政治教育工作更加严峻，大学生正处于人生最活跃的阶段。因此，在开展日常学术工作时，必须注意严肃执行。如果没有纪律，活动的效果可能无法达到。此外，大学教师应说服学生不能盲目比较，不受约束地玩游戏，以免让学生在错误的道路上越走越远。客观地说，上述工作方法只是高校思想政治教育协同育人的开始，这是一项复杂的工作。单靠一种工作方法显然是不可能达到效果的，所以要注意"他山之石"的引导，只有同时采取多种措施，教育才能有效。

第三节 高校思政教育协同育人机制的类型

一、高校辅导员与专业教师协同育人类型的特征

（一）工作对象和目标的同向性

在高校当中，不管是辅导员还是教师，都需要为大学生传道授业解惑，帮助大学生很好地成长。高校开展思想政治教育工作需要充分发挥辅导员的积极作用，他们是专职学生工作队伍中的生力军，是开展教育的重要支撑力量，其工作职能包括以下几点：一是对学生进行心理辅导；二是提升学生的思想认知与道德水平；三是处理各种日常事务。专业教师则是更多地在专业方面对学生进行辅导，帮助他们架构专业的知识体系，提升

他们的专业素养和能力。两者在立德树人方面目标一致,价值相当。

(二)工作场域和分工的互补性

辅导员和专业教师虽然同样在进行人才培养,不过其侧重点各不相同。辅导员更加关注的是学生的身心健康和道德水平,其工作的主要场所是班团活动或是各种社会实践场地,属于第二课堂。专业教师则不同,他们的主要工作是为学生传授理论知识,提升他们的实践能力,其主要的教育场所就是课堂。虽然两种方式功效不同,不过在育人体系中的地位同等重要。而课程思政可以将第一和第二课堂有效衔接起来,实现辅导员和专业教师的优势互补。

(三)工作方式与方法的互鉴性

随着时代的发展和工作对象的变化,辅导员的工作也会发生很大变化,因此需要具有创新意识。辅导员需要把握时代发展趋势,将新媒体引入到教学过程当中,选择学生可以接受的方式对学生进行思想引导和教育,帮助其更加健康地成长。这种教育方式比较显性,属于感性层面。相比较而言,专业教师就更加理性,他们严谨的工作方法和孜孜不倦的教学态度可以对学生产生影响,这种影响更加隐性,不过作用却很明显。课程思政的存在使辅导员和专业教师之间的关系更加密切,引导其不断耦合、同向同行。随着课程思政的逐步落实,原先教书与育人之间的鸿沟逐渐被填平,各种教育理念也被融合到知识教育当中,非常符合当前高校思想政治教育的本质要求。所谓协同育人指的是随着教学环境的改变,会出现很多新的序参量,而各项育人要素之间应该密切配合,实现教育资源的有效配置,这是一个健康运行的有序结构。有了课程思政的推动,专业教师和辅导员可以开展工作协同。

(四)辅导员应该尽职尽责

正是因为有着自己的工作职责,所以辅导员应该积极推动实现工作协同。初级辅导员主要负责处理各项日常事务,而高级辅导员则要指导学生制定自己的职业规划,准确把握思想工作发展规律,这是能体现辅导员工作能力的一种标准划分。而辅导员就是要不断提升自身能力,推动管理教育和教书育人的有机融合,才能达到更好的教学效果。

专业教师需要逐步提升自身的课程思政能力。因为教师在这方面的水平会直接影响教育效果。如果能够和辅导员协同起来,可以对思政教育的内涵进行升华,帮助学生更加深入地理解思政的内涵,教师在这个方面的积极性和主动性也就更强,可以协助专业教师更好地对思政教育的时代背景、发展脉络以及现实意义进行把握,了解不同时期的相应情况,真正意义上做到"守渠种田"。

需要对思政教育的实施效果进行有效提升。在辅导员和专业教师的教育过程中,需要重视加强思政课的目的性,提升亲和力,他们的工作其实是互融的,都属于"三全育人"中不可或缺的部分。思政理念是带有实效性的时代课题,需要长期的探索和研究才能把握,其中需要合理的设计、多方资源的参与,而辅导员的主要作用就是完成"显性思政"教育工作,这也需要很多资源参与进来进行统筹与配置。

二、高校思政理论课教师与辅导员协同育人的意义

(一)有利于提升思政课教师工作队伍的综合素质

高校辅导员认为思政课教师仅仅是课堂管理者,上课内容往往空洞乏力,对学生不够了解,对学生进行思想政治工作缺乏说服力和有效性。

一方面打造高校思政理论课教师与辅导员协同发展,有助于思政理论课教师打破偏见,担任班级兼职辅导员或者班主任,加强对辅导员队伍的角色认同。同时,思政课教师在深入学生的一线工作中,主动去亲近学生、关爱学生,帮助学生,了解学生的所思所想,帮助学生解决困难,尤其是关注班级里的特殊学生、困难学生。思政理论课教师在协同育人的实践中,根据不同班级不同专业的学生制订不同的学习计划,完善思政理论课教学内容,创新教学方法,进一步提高思政理论课教学效果。这样,思政理论课教师促进了自身教学能力的提升,同时进行教育教学改革,进行教学研究,促进了教育科研能力的提升,拓展了育人空间。

另一方面,高校辅导员往往来自不同的学科专业,有着不同的学科背景,并且部分辅导员学历不高、专业知识不够扎实。高校辅导员与思政理论课教师协同育人的实践,有助于高校辅导员改善学生管理水平,提高政治站位。尤其是对于辅导员教师队伍中的优秀分子,可以纳入思政课教师队伍中来,辅导员上思政课。增强思政课的实践性。同时也有助于辅导员转变观念,更新学习观念,促进辅导员队伍的职业规划,促进其长远发展。

(二)有利于形成学校"大思政"格局

大学是实现大学生立德树人目标的主阵地。高校思政理论课教师是实现立德树人根本目标的主力军,而高校辅导员肩负着对大学生进行思想道德建设的主要任务,因此思政理论课教师和高校辅导员在工作目标上具有一致性,扮演的育人角色具有相似性。并且高校思政课教师与辅导员在育人领域发挥着同样的功能和作用,这些决定了两支队伍在最终目标上具有同一性,在工作内容上具有互补和互融性,在工作方法上具有互补性和互鉴性。因此高校将两支队伍整合在思政育人大格局中,践行同向同行的工作基调,

将学生的思政理论课与日常思想政治工作结合起来，促进校内校外、课上课下、线上线下，将思政教育融入大学生生活学习的方方面面。思政理论课教师与高校辅导员互相配合，共同发力，实现思想政治教育全员参与、全过程参与和全方位参与。共同构建高校"大思政"格局，为高校实现立德树人的根本任务打下坚实基础，为培养新时期德智体美劳全面发展的社会主义建设者和可靠接班人贡献力量。

（三）有利于提升高校育人效果

高校辅导员工作侧重于学生的日常管理，对学生进行日常思想政治教育；而思政理论课教师承担大学生思想政治课程，负责讲授理论知识，往往对学生生活缺乏了解和关心；学生存在反感思政课的现象，一提起思政课就是"讲大道理""洗脑"对思政课产生厌烦、逃避心理较为常见。构建思政理论课教师与高校辅导员同向同行机制，提升两支队伍的协同育人观念，让一线思政理论课教师深入学生实际，到学生身边去，进寝室、访社团、与学生共上专业课、参加班级活动、参与班级日常管理工作，这样让学生真正感到思政课不再是枯燥、空洞和"远在天边"的课程，而思政课理论教师也在学生心中变成了可亲可敬的形象。思政课教师与辅导员通力配合、优势互补，共同管理班级，加强对班级的教育，帮助学生树立正确的观念，形成良好的道德风尚。长此以往，对于加强学校思想政治教育具有重要作用，以此提升育人效果，最终实现立德树人的根本目标。

三、高校辅导员与专业教师协同育人类型的路径选择

（一）引导辅导员与专业教师树立育人理念

学校要在整个教学过程中融入思政教育理念，在全校范围内进行最广泛的宣传，让广大师生对此达成共识，不过要真的在实践中实现这一目标，其实还是任重而道远。很多老师长期以来已经习惯了自身的岗位角色，他们理解不了课程思政和自己有什么关系，在立德育人方面也是知之甚少，所以需要对教师的认知水平进行有效提升。高校要做好宏观统筹，坚持从实际出发，将协同育人的观念普及给广大教师。充分利用各种情景开展思政教育，让教师真正意义上认识到"守渠种田"的重要性，明确自身责任，改变以往"条块分割"的思想意识，坚持做到协同配合。对于广大教职员工来说，立德树人是他们应该共同直面的现实任务，也是他们的历史使命，所以开展多部门的协同联动就非常有必要。高校思政教育的开展需要辅导员和专业老师的通力合作，这是新时期教书育人的必然选择，也是高校育人体系中不可或缺的一个部分。

（二）健全当前协同育人的制度设计

只有高校打造健全的制度体系，才能很好地将辅导员和专业教师联系起来，打造优

质的协同育人格局。第一，需要在学校内部制定宏观战略和发展策略，在高校内部管理体系中增加课程思政的内容和目标，特别是学工部和教学管理两个部分，需要设定共同的发展目标，齐头并进，协同发展。第二，在考核方面要突出育人实效这个重点，保证评估机制的合理性，建立明确的奖惩机制。要将学生工作和教学工作两个部分有机联系起来，打造完善的制度体系，解决不同序列考核指标不一致的情况，将各级教师的工作积极性充分调动起来。第三，要对教学管理制度进行细化与明确，对教师的课程思政职责进行明确，打造系统的研讨机制，在工作过程中多多沟通与交流，年终做好总结与展望工作，尽可能地保证资源优化配置，消除信息不对称的情况，将合理育人的理念在真正意义上落到实处。

（三）建立协同育人的工作平台

高校思政理论课教师属于马克思主义学院或基础部管理，高校辅导员属于学生处职能部门管理。两支队伍属于不同的职能部门，两者之间的交流与合作具有无法回避的现实壁垒。同时在工作性质、分工职责和领域等方面，两者存在着差距。着重构建高校思政理论课教师与辅导员协同机制，必须打破现实壁垒，理顺辅导员和思政理论课教师工作的共通性，并且消除长久以来形成的心理偏见。明确两支队伍思想政治工作的职能定位，着重寻找两者工作的统一性，总结和借鉴学校开展两支队伍共同协作的成果经验和做法，打通职能部门"各自为政"的局面，落地配套政策，构建一批协同育人工作平台，实现两支队伍在育人领域上的功能、内容和形式上的互补。一方面，思政理论课教师担当班导师，负责协作辅导员做好班级日常管理工作，对学生的心理问题及时排解，关注问题学生、特殊学生和家庭困难学生，及时疏导学生的心理问题和心理障碍；思政理论课教师积极参与学生的班级活动、班会、"三下乡"活动，通过融入学生、亲近学生，让学生感受到关爱和帮助，促进学生的身心发展。思政理论课教师可以把自己实践中遇到的教学教育难题、典型问题形成系统的教学案例，融入思政理论课教学中来，增强教学的亲和力和感染力，让思政课变成学生心中有温度、有情怀、有高度的金牌课程。同时思政理论课教师还可以整合实践育人资源，将实际工作中收集的经典案例进行分析和论证，形成高校思想政治教育的经典案例，扩展思政课教育科研领域和教学改革途径，促进思政理论课教师转变观念，增强思政理论课教师专业化发展。另一方面，高校辅导员在日常学生思想政治教育中发挥作用，提高学生的思想道德素质，为我校思想政治教育保驾护航。

平台的搭建需要制度的保障，在协同育人工作总目标过程中，学校需要构建思政课教师队伍和辅导员队伍两支队伍协同育人的考评机制。构建高效、有力的考评机制是保证两支队伍协同发展的动力。学校党委应积极落实两支队伍协同育人的工作机制和配套考评机制，实现各种激励机制共同推进，通过定性评价和定量评价，实现评价方式多样化和立体化，用科学的考评方式进行综合性评价。对两支队伍的工作实行量化评分，将学生评价、二级院系评价和教师互评相结合，进行综合评价。这有效地避免了考核评价方式的单一化和主观性，有利于促进考核评价的客观性和科学性，促进两支队伍将协同育人工作落到实处，提升队伍工作积极性和主动性，最终实现协同育人的效果。

总之，高校要想真正意义上进行立德树人，前提和基础就是开展课程思政，这项工作既复杂又艰难，系统性非常强。教师需要树立思政理念，学校需要制定相应的教学制度，同时要引导辅导员和专业教师协同合作，以行之有效的方式推动思想政治教育工作的发展。

第五章 高校思政课实践教学

第一节 高校思政课实践教学的模式

一、思政课实践教学模式概述

（一）思政课实践教学模式

在教育教学实践中，由于人们对实践教学的理解不同，其着力点不完全相同，效果也不一样。教学模式可以定义为是在一定教学思想或教学理论指导下建立起来的较为稳定的教学活动结构框架和活动程序。由于思政课实践教学与理论教学相比具有其自身的复杂性，所以思政课实践教学的形式多种多样，可归纳为以下三种具体的模式。

1. 课堂实践教学模式

课堂实践教学模式是思政课实践教学活动的"第一课堂"，是一种课堂讲授"升级版"的实践教学模式。课堂实践教学模式主要包括案例分析、小组讨论、音像展播、专题辩论、学生讲坛、情景模拟、主题演讲、翻转课堂、专题讲座、角色扮演等。

2. 校园实践教学模式

校园实践教学模式是思政课实践教学活动的"第二课堂"，是指学生在课堂之外、校园之内开展的实践活动。校园实践教学模式主要包括主题电影、读书交流、网络实践、知识竞答、校内调研、课外作业、视频制作、摄影竞赛、时事研讨、团体辅导和其他活动。

3. 社会实践教学模式

社会实践教学模式是思政课实践教学活动的"第三课堂"。社会实践教学模式主要包括参观考察、勤工俭学、社会调查、课外科技、基地实践、公益活动、研究性学习、"三下乡"活动、青年志愿者活动、服务性学习和其他活动。

（二）课堂实践教学是育人的重要环节

课堂实践教学相对于校园实践教学和社会实践教学来说，是最重要、最基本的实践教学模式，是实施校园实践教学和社会实践教学的基础和前提。是提高教学质量、培养学生综合素质的关键环节。忽略了课堂实践教学环就是忽略了学生成长成才最主要的教学环节。

1. 课堂实践教学有利于激发学生自主性学习

从教学理论上讲，无论是进行道德教育、政治思想教育，还是使学生把理论知识转化为自身的稳定的观念和素质，都必须使接受教育的学习主体得到实践训练和亲身体验。这里的亲身体验既包括情感和思维的体验感受，又包括对社会和现实的体验感受。他强调的学习主体实践训练，则是课堂实践教学的活动过程。

2. 课堂实践教学有利于培养学生思维能力

课堂实践教学针对学生思维的局限性，通过创设情境，诱发学生的想象能力和思维动机，再用理论讲授撞击学生的理论思维，激发学生的想象力、创造力和批判力，冲击其思维中的惰性、保守性和凝固性。课堂实践教学的激励性、示范性、实证性、逻辑性和探索性的特点，引导启发了学生的思维，推动了学生的主体意识、反思态度和创造精神，锻炼和提高了理论思维能力课堂实践教学重在讲授思想方法，传授获得知识的手段和运用知识的本领，培养学生的思维方法。

3. 课堂实践教学有利于培养学生的质疑能力

学生的思维能力与问题意识密切联系在一起，有了较强的思维能力就容易形成问题意识，容易发现问题。思政课教学中常常碰到的问题是教材中的基本理论问题、教材内容与社会联系的问题，还有学生成长过程中因学习、就业、友谊、爱情等需要而产生的问题。课堂实践教学淡化了教师单向灌输的做法，强化了学生主动参与、积极思考的学习方式，鼓励学生参与问题的提出、讨论、研究、解决，这就有利于学生用谨慎的态度对待现有知识和现成观点，在学习中始终做到自我质疑，有利于提高学生发现问题、提出问题的能力。

（三）校园实践教学是理论学习的拓展和深化

校园实践教学是课堂实践教学的直接延伸。校园中有丰富的理论教育和理论学习资源：①有博学多识的教师，而且教师很愿意与学生共同探讨问题；②有丰富的图书资料，随时能提供学习参考；③有众多思维活跃。随时随地可以切磋、交流、探讨、辩论的学习伙伴。因而，校园实践教学的重点应该是课堂理论教学的拓展和深化。

（四）社会实践教学有助于增强大学生的社会责任感

社会实践教学活动是贯彻教育为社会主义服务、教育与社会实践相结合的教育方针，使大学生在学习期间能够更多地接触社会、了解国情民情，培养服务社会、服务人民的意识，增强社会责任感，走正确成长的道路，并在实践中提高分析问题和解决问题的能力，全面提高素质。

二、思政课课堂实践教学模式

思政课课堂实践教学，就是在思政课教师组织下，为实现特定教育教学目标，根据既定教学计划，以课堂教学的时间、空间为基础，借助于直观鲜活的音像播放、发人深省的案例解析、形象逼真的情景模拟、充满激情的演讲比赛、富有哲理的专题辩论等形式，创设一系列生动活泼的教学情境，将课程教学内容和社会实践巧妙结合，紧扣社会热点、难点和焦点问题开展讨论和思考，实施思政教育，提高学生综合素质的一种教学方式。

（一）课堂实践教学的形式

思政课实践教学是实现思政课教学实效性的重要保证，其与理论教学都是教学体系的重要组成部分，二者互相联系，互相促进，都是完成教学计划、实现教学目的手段。课堂实践教学是将理论与实践紧密结合最方便、最简洁、最有效的实践教学模式，整个教学过程都以学生为中心，通过学生的独立思考与讨论来完成教学任务；课堂实践教学融知识性、趣味性、专业性于一体，使学生在学习过程中，既获得专业知识，又锻炼和提升了能力，养成自觉的学习态度，完成思政理论课教育教学目标。思政课课堂教学以理论讲授为主，结合教学内容，恰当地穿插开展一些小型的实践活动，可以丰富教学内容，提高学生参与教学的积极性，活跃课堂氛围，增强教学效果。

（二）课堂实践教学的特点

1. 形式多样

课堂教学虽然在教学时间和场地规模方面受到相对限制，但是相对地，其教学时间和场地能够得到有效的保障。同时，课堂上的学生集中，便于组织开展活动。现在课堂教学普遍采用多媒体教学，可以利用现代技术组织多样性的活动，因此，可以充分利用这些有利因素，适时地开展形式多样的课堂实践教学活动主要有情景模拟、角色扮演、讲演活动、团体辅导、音像展播等。

2. 灵活紧凑

课堂教学以理论讲授为主，课堂实践教学可以根据教学内容的需要，灵活选择不同形式的活动方案。同一教学内容也可以选用不同的实践教学形式来表现如"思想道德修养和法律基础"课中关于"人际关系"的教学内容，可以通过"角色扮演"来领会，也可以采用团体辅导"信任之旅"的方式来展现。课堂教学的教学时间短，场地有限，所以，课堂实践教学活动只是理论教学的补充，要求实践教学的内容具体、规模小型化、活动时间短。由此，课堂实践教学呈现出紧凑的特点，活动开展应简便易行。

3. 时效性强

与其他实践教学模式相比较而言，课堂实践教学是在课堂理论教学过程中进行的，在时间方面能够得到完全保证。实践教学活动可以安排在课堂理论教学内容完成之后的第二节课内进行，通过活动可以及时强化理论教育的意义和作用，对学生的影响和教育力度是深刻的；实践教学活动也可以安排在课堂理论教学之前开展，通过活动让学生思考活动所蕴含的教育意义，从中得到感受或启发。在此基础，教师再对话动加以总结，强化和升华理论教学内容，用理论的力量来论证活动所反映的教育价值，使得学生受到及时的教育。由此可以看出课堂实践教学的时效性是很强的。

4. 效果显著

课堂实践教学是在课堂理论教学中穿插进行的，是对理论讲授的有力补充和论证，极大地加强了理论的说服力，让学生在课堂有限的时空内，将理论内化为自己的观念和信念，显著地增强了教学效果。课堂实践教学的参与感极强，学生在活动中亲身体验、自我感受、自我教育，课堂教学的效果是直接而深刻的

三、思政课校园实践教学模式

校园是思政理论教育培养全面发展人才的主阵地，校园文化活动为高校思政理论课实践教学提供了有效的载体。开展校园实践教学的关键在于把课程的优势和学生的特点有效结合，培养学生的学习兴趣，挖掘学生的潜力，提高学生的综合素质，实现知识创新和知识应用。

（一）校园实践教学形式

校园实践教学的发生空间是校园内，所依托的载体是各种各样的校园活动，属于学校教育的"第二课堂"。教师根据教学目标，提出具体要求，通过可以使学生广泛参与的活动，达到提高合作能力、沟通协调能力、自主学习能力以及培养良好思想品德修养的目的。可以通过以下形式来开展校园实践教学，以达到提高大学生综合素质的目的。

1. 主题电影

影视艺术是一种综合性的大众文化艺术。无论从形式还是内容上，都具有天然的教育性。正是因为影视艺术具有天然的教育价值和不可替代的育人功能，经典影视赏析完全可以为思政理论课教育教学服务，成为思政理论课实践教学的一种有效形式。

2. 读书交流

根据思政课教学的内容和特点，结合现实中人们普遍关注的热点、难点问题，向学生推荐一些具有代表性的阅读书目，供学生课后阅读，旨在培养学生的阅读兴趣和发现问题、思考问题的能力，提高学生的综合素质。思政课的内容涉及哲学、自然科学、经济、政治、社会、人文等多个学科，而且理论性强，这增加了学习的难度，制约了学习的兴趣。要激发学生的学习热情，让学生真正感受思政课的理论魅力，光靠教材的内容是远远不够的。必须让学生尽可能涉及各个领域的一些基本知识，形成一定的知识系统。在校园内以一定的读书交流形式使学生主动参与，教师正确引导，可以大大激发学生的学习兴趣，提高学生的阅读能力、表达能力、思维能力和理论联系实际的能力，并使马克思主义的科学世界观自觉内化为学生的理想和信念。

3. 网络实践

随着互联网影响的日趋普及与深入，网络空间教育大潮的到来已经不可逆转。校园实践教学应运用互联网信息技术，依托网络实践教学平台，发挥网络技术教学的积极功能。学生在思政课程网站或个人学习空间上开设时事论坛、学生演讲、创意校园、影视作品、教学参考、社会问题分析等栏目，增添思政课实践教学的时代气息与生活气息。开辟网络实践教学平台，有利于释放学生的创意热情，展现学生的独特个性。

4. 知识竞答

知识竞答能督促学生全面、细致和认真地掌握思政课的基本理论知识点，也能培养大学生的语言表达能力，同时还培养了学生的团队意识和竞争意识，提高学生学习政治课的兴趣。知识竞答的组织形式是由教师结合思政课教学大纲和教材内容，拟定竞答题目和参考答案，参赛者可以学生所在的二级学院、班级、小组为单位。

5. 校内调研

要使学生将社会主义核心价值观转化为自我的精神信仰和价值取向并成为自我的自觉追求，就必须要了解学生的思想状态。因此，根据学生的实际情况，结合思政课教学内容，组织学生进行校内调研，就是全面有效地实施思政教育的一种校园实践教学形式。在校内调研的环节中，教师扮演着十分重要的角色，教师可以将自己所教授的学生分为若干小组，以小组为单位进行不同主题的校内调研活动。

6. 课外作业

课外作业是课堂学习的延伸，是课堂教育的延续，是教学过程中一个不可缺少的环节。课外作业不仅能起到督促学生及时复习课堂所学内容的作用，同时也是师生对课堂学习效果实施检测的一种形式。课外作业绝不能还是简单地布置教材后面的思考题,教师应该超越教材,联系实际精心设计课外习题。课外作业要能体现学习的过程,注重学习的体验,通过完成作业能提高学生独立思考、解决问题的能力。教师可以结合教材重点、社会热点、学生关注点布置小论文,让学生查找资料、调查研究、采访交流、相互讨论来完成课外作业。但是需要注意的是,这些课外小论文完成的前提是不能在网络上找到答案或者大篇幅地参考现有见解。

(二)校园实践教学与校园文化活动

高校思政课实践教学与校园文化活动在理论依据、根本目的上具有同一性,在内容和形式上具有兼容性等特征。校园文化活动是思政课校园实践教学模式的重要载体,充分利用其来开展思政课教学,不仅有助于校园文化的繁荣发展,而且有助于提高思政教育的有效性。

1. 校园文化是校园实践教学的重要平台

校园文化是以校园为空间,以学生、教师为参与主体,以精神文化为核心的物质文化、制度文化、行为文化相统一的具有时代特征的一种群体文化。校园文化活动与思政教育工作相互交织、相互促进。一方面,校园文化活动的发展必须以社会主义核心价值体系为引领,另一方面,校园文化活动是思政教育的有效载体和重要途径。但作为思政教育的主渠道,长期以来,思政课教学却未能与校园文化活动有机地结合起来,这不能不说是思政教育的一大遗憾。这里既有主观原因,也有客观因素。主观原因主要是对思政课实践教学的狭隘认识,部分管理人员和教师一度把思政理论课实践教学等同于开展社会实践活动,从而忽略了校园文化的实践平台。客观因素主要是管理上的彼此分立,思政课实践教学归属于思政理论课教学部门,而校园文化活动则由学校学生工作部具体管理,两个部门虽然也有一定的合作,但大多数时间是相互并立的。因此,从提高思政教育的效果出发,必须把两者紧密结合起来,依托校园文化活动开展丰富多彩的思政课实践教学。

2. 校园文化活动与校园实践教学的统一性

首先,校园文化活动的功能与思政理论课实践教学目标基本一致。校园文化活动虽然形式多样、个性鲜明,但其思政教育功能则是研究者和实际工作者关注的热点。研究者从多个角度进行了总结,有的学者概括为教育功能、兴趣导向功能、求知激励功能、人格塑造功能四个方面;有的则认为具有指导引领功能、熏陶塑造功能、凝聚整合功能、调适激励功能和传播辐射功能;有的学者概括为导向功能、创新功能、凝聚功能、规范功能、娱乐功能五种功能;有的学者概括为价值导向、意志激励、精神凝聚、情绪调解、人格塑造、行为约束六大功能等。这些概括虽然角度不同,语言表述有异,但其目标都是为了锻炼大学生的实践创新能力,提高大学生的综合素质,帮助大学生树立正确的世界观和人生观。而这些目标正是思政课实践教学所要达到的目标。

其次,校园文化活动的形式与思政课实践教学的要求基本一致。思政课实践教学要求大学生在实践中深化对理论的认识,并学会运用理论提高其实践创新水平。而校园文化活动,由于贴近学生、贴近生活、贴近实际,具有实践性、群体性、开放性等特点,是大学生自我教育和自主实践的重要平台。在参于校园文化活动的过程中,大学生不仅加深了对理论的理解。而且提升了运用理论的水平,并在运用中提高了实践创新能力。正因为如此,越来越多的人认识到,校园文化活动是开展思政课实践教学的有效途径,应重视作为第二课堂的校园实践教学与校园文化活动的有机结合

3. 依托校园文化活动的校园实践教学具有独特的优势

校园实践教学主要是指依托校园文化活动而开展的思政理论课实践教学,相比较而言,课堂实践教学和校外社会实践虽然各有特点,但也各有不足。课内实践教学长于锻炼大学生的理论思维水平,但难以考察其实际思想道德品质;而校外社会实践活动侧重于帮助大学生了解社会,增强大学生的社会责任感,但其受客观条件制约较多,不是每个学生都能得到社会实践的指导和锻炼;而立足校园,依托校园文化活动的思政课校园实践教学则便于全面开展,同时便于考察大学生实践中的思想道德表现,并锻炼大学生在实践中运用马克思主义,从这个意义上讲,依托校园文化活动的思政理论课实践教学是一种效率较高、效益较好的实践教学模式。

四、思政课社会实践教学模式

社会实践教学是指通过组织、引导学生积极地参与各种实践活动的方式来不断地提高其认识能力以及实践素质,在实践过程中完成知识传播、内化和发展的一种教学模式。社会实践教学不同于一般的实践模式的关键在于其发生的背景,以及由此而决定的诸多特性。具体来讲,社会实践教学就是通过真实的社会生活场景、环境,让学生在现实生活中独立地发现问题、认识问题和寻求问题解决方法的过程中,通过分析具体问题独立地做出判断和决策,以培养学生运用所学理论解决实际问题能力的一种教学方法。

(一)社会实践教学的必要性

1. 思政课教学的内在要求

高等学校思政理论课,承担着对大学生进行系统的马克思主义理论教育的任务,是对大学生进行思政教育的主渠道。它不仅具有一般理论课程的认知功能,更为重要的是

担负着培养中国特色社会主义事业的建设者和接班人的政治要求。由此可见，这门课程强调的是学生内在素质的形成，而不是单纯的知识传授，更不是一种简单的知识记忆，而是要通过教学，特别是通过社会实践教学，使学生通过自身的感悟、体验、践行，把马克思主义的世界观、方法论内化为自觉的信念。从而提高自身的思想道德素质和政治觉悟。这要求思政课必须要围绕这一目标来开展教学，而不是为了教学而教学，要与社会实践相结合，在实践中深化理论的传播。实践教学以其生动形象性、直接现实性和以学生为主体的特点，极大地调动学生学习的主动性、积极性。开展实践教学活动，使大学生在社会实践中接受教育，让学生带着理论问题走向社会、以理论指导实践并印证理论的先进性和科学性，又带着实际问题回到课堂，以实践丰富理论并寻求实践问题上更多更新的理论支持和指导，在理论与实践的结合中不断提高"思政课"的教学实效。促成"思政课"教育目标的实现。

2. 高等教育的人才培养目标的要求

人才的培养目标和规格是确定人才培养措施、途径以及开展各项教学活动的首要基础，是组织实施教学过程的依据。大学要培养的是社会主义建设的精英人才，是有一定动手能力、管理能力和协作能力的应用型复合人才。不是"读死书和死读书"的书呆子。将实践教学环节引入"思政课"的教学中，就是适应社会发展、培养应用型复合人才的良策之一，是实现培养目标的根本要求。

高等教育人才培养目标决定了高等教育要突出实践环节，实践能力培养是高等学校学生的生命线。社会实践教学不仅使学生能够理论联系实际，提高分析和解决问题的能力，而且通过组织社会实践教学，有利于学生开阔视野，吸收丰富的思想营养。同时也可以提高学生的参与意识，培养学生的实践能力、求实精神和团结协作精神。

3. 深化思政课教学改革的迫切要求

实践教学是激发学生学习理论积极性和主动性的有效方式。因此，要充分调动学生学习思政课的积极性与主动性，提高思政课教学的实效性、吸引力，就必须改革传统的教学模式，积极有效地实现理论教学和实践教学的结合。

（二）社会实践教学的形式

思政课社会实践教学是指依据思政课的教学任务和要求，在教师指导下，在课堂教学之外，按照学校培养目标的要求，有计划、有组织地参加社会实践的思政教育教学活动。这些活动主要是团学组织和学生会通过暑期社会实践活动、"青年志愿者"活动、社会调查、社会服务、勤工助学等形式开展的，是对大学生进行思政教育的一种重要形式，也是一种把所学理论知识运用于实际的表现形式。它有别于思政课课堂教学，是相对独

立存在的一种教学模式

(三) 社会实践教学的要求

1. 提高思想认识

教师要提高对社会实践教学重要性的认识，转变思政课社会实践可有可无的思想，牢固树立"教书育人"的观念，充分认识到社会实践教学是育人的重要环节，积极开展思政课社会实践的研究、实践活动。

2. 整合教育资源

各高校要形成思政课实践教学的合力，解决思政课师资力量薄弱问题，要严格按照上级教育主管部门对思政课教师准入资格的要求和师生比例合理配备任课教师。除补充师资力量外，各高校还要认识到加强思政课实践教学，仅仅单靠思政课教师的力量是不够的，还须广泛动员校内的一切教育力量，共同参与，分工协作，形成合力。思政课社会实践教学要与专业课实习实训相结合，在专业课安排实习、实训时，同时也要附加思政课的社会实践任务。这样不仅有助于学生加深对重要政治理论问题的理解，提高学习思政课的兴趣，也会大大增强学生的学习动力与建设祖国的使命感，而且还能弥补思政课实践课时不足的问题。此外，学校还可以从离退休干部、企业家、社区人员中聘请一些热心支持教育事业的校外辅导员，参与指导思政课社会实践活动，从而可以在一定程度上缓解思政课社会实践教学人员不足的难题。

3. 确保所需心

根据思政课社会实践教学的实际需要，高校应像专业课实习一样。确保并增加思政课实践专项经费的投入，以保证思政课社会实践活动的正常开展。为了确保所需经费落到实处，要制定出思政课实践教学专项经费管理办法，规定经费的来源、用途、审批程序等。此外，地方政府教育主管部门应根据当地社会经济发展水平，对高校思政课教学日常经费标准和社会实践经费做出明确规定，这样社会实践教学所需资金才能得到可靠的保障。

4. 加强组织管理

各高校要形成实践育人的长效机制，完善组织管理系统。思政课实践教学组织管理机构体系的建立、实践基地的建设、运作经费的保障，以及实践课教师队伍的构成等，是思政课社会实践教学得以顺利开展的有力保障。学校要成立思政课实践教学领导小组，党委副书记为主管领导，负责社会实践教学所需资金的审批、部门间的协调配合、人员的配备等；二级学院、系部具体负责实践教学的管理，如实践教学大纲的审定、社会实践教学计划与教学方案的审批以及实施情况的检查考核等；教研室具体负责制订实践教学大纲、教学计划和实施方案等。

第二节 高校思政课实践教学的组织

一、思政课课堂实践教学的组织

（一）课堂实践教学组织管理

课堂中师生的行为主要是围绕教学活动开展的，教学的根本目的是促进学生的健康发展与进步。有效的思政课课堂实践教学管理对保证课堂任务的顺利完成和促进学生多方面发展有重要的现实意义。由于课堂实践教学时空的局限性，决定了它有规模小、时间短、活动紧凑的特点。因此，实践教学要精心设计，充分准备。

1. 课堂实践教学组织管理方式分类

课堂实践教学组织管理方式是教师在课堂教学活动中所表现出来的特定行为模式，是一种相对稳定的行为风格。教师的课堂教学组织管理方式划分为民主型、自主型和专制型三类。

（1）民主型的课堂教学组织管理方式

持有这种理念的教师在进行课堂教学管理时，会对课堂中可能出现的各种情况都有良好的预测能力，能够合理安排全班学生的学习活动，建立良好的课堂环境。教师在设计课堂教学时能够充分考虑学生的能力和兴趣，能够和学生建立良好的师生关系。

（2）自主型的课堂教学组织管理方式

持有这种理念的教师，强调学生个人的选择和自由，他们常常给予学生较大的发挥空间。在对学生进行监督时，会只关注不良学生的课堂行为，对一些优秀的学生，教师会给予他们充分的自主权。另外，当学生遇到问题时，教师认为应该给予学生自己去处理的机会，培养学生的自主能力，相信学生解决问题的能力。

（3）专制型的课堂教学组织管理方式

持有这种理念的教师，认为教师应承担课堂实践教学的全部管理责任，课堂以教师为中心。教师往往通过建立和强化课堂规则以及相关的规定来实现对学生的控制，在制定课堂规则的时候，更多会指向学生的不当行为。教师把课堂教学组织管理的过程视作对学生课堂行为的控制过程，教师强调运用一些控制策略来建立和维持课堂秩序。

2. 课堂课堂实践教学组织管理的实施

针对课堂实践教学的特点,打通课堂与课外环节,加强教学过程管理是课堂实践教学成功的保证。以学生为主的课堂讨论方式是课堂实践教学的一个特点,这就要求学生在课前对课堂上所要讨论的问题要有一定的准备因此,课堂实践教学过程的管理包括课外与课内组织管理两个方面。

（1）课外管理

课外管理包括课前与课后两个阶段。

第一,课前管理。教师要充分关注学生课前学习情况以及遇到的问题,与学生及时交流,督促、指导学生学习。首先,教师要在课前把问题给学生这个问题是根据教学内容与安排提出的,只是课堂讨论的方向,未必是某个具体的问题。其次,学生自学与准备,学生对要讨论的问题积极查阅资料,做好笔记;学生根据阅读情况,提出自己的问题,给出自己的看法。学生提出的问题是围绕课堂讨论的大问题而发散出来的子问题,是课堂讨论问题的具体化。考虑到部分学生学习兴趣不高、主动性不强,这个阶段的管理与督促就非常关键,是关系到课堂实践教学成功与否的重要因素。

第二,课后管理。根据课堂讨论情况,结合课前学生学习准备,写一篇学习报告,对整个实践教学活动进行总结,实现由知识学习向能力培养方面的转化。

（2）课内管理

教学过程管理就是将课内与课外相结合,充分调动与发挥学生学习的主动性。课堂讨论时,把课堂交给学生,教师要做好以下几个方面的管理与辅导学习工作。

第一,引导学生围绕问题与教学目标进行讨论。

第二,注意把握课堂讨论节奏,调动课堂气氛,保证课堂讨论交流顺利进行。

第三,对学生的观点予以适当点评,多予鼓励与表扬。

第四,对整个教学活动进行总结,留下需要进一步思考与阅读的问题。

考虑到思政理论课教学的实际情况,一个学期内,一个学生可以专门深入研究一个问题,希望在这个研究性学习过程中,学生能够提出问题,有自己的看法,从而扩大知识面,培养能力。

（二）提高课堂实践教学的有效性途径

1. 影响课堂实践教学的重要因素

（1）教师

在课堂教学组织管理过程中,教师是这一管理行为的引导者和协调者教师必须具备相应的技巧和能力,才能使自己与课堂客观环境、与学生之间的关系处于和谐状态。教师课堂组织管理能力的高低，直接影响教师课堂实践教学的质量，也会对学生学习产生极大的促进或消极作用。教师是教育改革的主要力量，教师课堂组织管理能力是教师有效教学的重要保障。但是，在实际教学中。大多数教师对于课堂组织管理还只是停留在基本的管学生阶段，没有真正把学生作为一个发展中的人来看待，没有形成全面的课堂组织管理能力，课堂教学组织管理的促进功能不是通过严厉斥责或放任自流来实现的。而是教师运用管理学、心理学、教育学等一系列相关知识，通过各种途径来起到促进作用的

（2）教学内容

教学活动中的教学内容，所指的主要是教学层面上的教学内容，也就是教师和学生作用的对象或客体，它是经过课程设置和编制具体化了的知识、技能、思想观念、行为习惯，是学生活动的全部内容。教学内容不仅仅是"教什么"和"学什么"的问题，更重要的是"怎么用"的问题。要使课堂教学有效，就必须使教学内容有效。教学内容被学生应用到H常生活中，就说明教学内容有效。根据教学内容本身的性质和教学的目的要求，教师要考虑教学内容的多少、教学内容的呈现方法等。

（3）教学环境

一个课堂的心理环境一旦形成，就具有其相对的独立性和稳定性。独立性指的是班级和班级之间的课堂心理环境不一样，一个班级在不同教师的引导形成的课堂心理环境也不一样；稳定性指的是一个班级在某门课的课堂心理环境，一旦形成，基本上就会持久保持下来。这种持久性和稳定性，将会给在其环境下学习的学生带来相对稳定的影响。根据课堂心理环境对学生学习影响产生的结果，可以将课堂心理环境分为积极的和消极的两种。

2. 提高课堂实践教学的有效途径

所谓的有效性是指教师以尽可能少的时间、精力和物力投入，让学生的整体素质得到尽可能多的发展。有效的课堂教学组织管理行为是指教师在课堂教学中为学生知识结构的完善-学习技能的发展，正确的世界观、人生观、价值观的形成创造有利条件的方式方法。

（1）建立有效的课堂气氛

课堂气氛是班集体在课堂上所表现出来的心理气氛，通常是指课堂里某些占优势的态度与情感的综合状态。具体而言，是指课堂活动中师生相互交往所表现出来的相对稳定的知觉、注意、情感、意志和思维等心理状态。教师展示温情和支持，鼓励竞争或合作，允许独立判断和选择的方式，因而营造了课堂气氛。你选择什么样的方式，就会有什么

样的课堂气氛。教师在使用多种教学策略的同时，会营造各种课堂氛围。尽管社会心理学家的早期研究试图说明某类课堂气氛最利于个体行为，而结果表明不同的课堂气氛皆有利弊，这要看其特定的目标。因为从一堂课到另一堂课，从这周到下周，目标在变换。所以，为了实践教学目标的实现，课堂气氛也必须随之变更。当目标更换而课堂气氛不变时，在这个阶段学生就会有脱离任务的、破坏性的甚至是对立的行为。建立有效的课堂气氛，需要教师花时间创建使学生感到愉快、振奋、融洽的学习环境。研究表明，积极的情感会改进学生的态度，提升高级思维的技能，思政课教师应积极采取措施建立和保持成效显著的学习氛围，避免课堂问题行为的发生。

（2）制定有效的课堂规则

建立明确的课堂规则，同时坚持实施这些规则，能够为学生创建一个和平、安全的学习环境，保证课堂教学活动的清晰和连续，保证学生积极地参与到课堂实践教学过程中，有效提高学生课堂学习效果。制定规则应遵循的一个基本要求是，教师要在适合学生认知水平和能力的基础上，让学生参与到制定规则的过程中。学生参与制定规则的方式，依其参与程度可分为四种：第一种是完全参与型，即教师将制定规则的权利赋予学生，由学生提出并决定规则的内容；第二种是学生主导型，即由学生提出规则，然后征求教师的意见，学生依据教师的意见对规则进行修改；第三种是教师指导型，即由教师对规则制定的整个过程进行指导，和学生共同确定规则的内容；第四种是教师主导型，即教师提出规则后，交给学生讨论并对讨论过程进行指导，教师在综合学生意见的基础上，对规则的内容进行修改后，再将修订后的规则发给学生。

二、思政课校园实践教学的组织

（一）学生社团

社会实践是大学生思想政治教育的重要环节，高校学生社团在思政教育中有重要作用，为高校科学规划思政课实践教学，整合师资力量和教育资源，切实加强思政课实践教学，规范思政课实践教学的管理，为以学生社团为载体开展思政课校园实践教学指明了方向。

1. 学生社团为思政课实践教学提供了广阔的舞台

大学生社团是由志趣和爱好相同的学生自愿组织起来的具有固定名称和活动范围的学生群体组织。它以学生的兴趣爱好为基础，以锻炼能力、提高学习为目的，以活动为纽带，且可以打破专业和年级的界限，成为学生在课堂、寝室之外的重要活动空间，对学生的成才和成长具有重要的影响。因此，要充分发挥大学生社团在校园文化建设中的重要作用，大力扶持理论学习型社团，热情鼓励学术科技型社团，正确引导兴趣爱好型社团，积极倡导社会公益型社团。

2. 学生社团在思政课实践教学中发挥了重要作用

（1）学生社团成为大学生思政课实践教学的重要阵地

高校学生思政课除了课堂教育外，更重要的还是学生日常生活管理中的实践性教育。通过实践，学生可以更进一步地理解和掌握思政课课堂上难懂的理论知识。学生社团以其影响的广泛性、内容的直接性、参与者的自愿性、活动方式的多样性和活动效果的有效性，越来越为广大学生所接受和认同，并且越来越凸显其在大学生成长过程中的重要作用。

（2）学生社团可以承载思政课教师实践教学的多项环节

学生社团的组织和参与大大提高了思政课教师在实践教学中的效率，尤其解决了一些学校思政课教师资源不足的问题。同时，大学生社团在协助教师完成实践课教学任务的过程中也获益匪浅，既为大学生实现自我、完善自我提供了机会，又使社团成员间相互学习，取长补短，有利于学习多种技能，有利于培养大学生的人际关系与团结协作能力，有利于身心健康发展，所有这些都是在思政课课堂上学不到的，只有在类似的实践中才能提高大学生的思想道德素质和科学文化素质，从而增强了思政课实践教学的时效性。

3. 加强学生社团在思政课实践教学中的组织功能

（1）加强思政课教师对学生社团活动的指导

高校思政课教师与学生工作系统中负责社团相关事务的教师相比，"两课"教师对基本理论的掌握更加系统和扎实，对时政信息的把握也更加敏感和准确，这使得他们在将理论与实践相结合方面有独特的优势。"两课"教师参与社团建设后，可以把承担的科研项目分解成子课题作为特色实践环节，由学生社团组织进行调研，引导青年学生以更广阔的视角去关注国家和社会；还可以通过学生社团更直接地了解学生，准确了解学生的思想动态，为思政课的教学提供更多的辅助信息。

（2）使学生社团活动内容与思政课实践教学内容相结合

学生社团要选择思政课实践教学内容，结合紧密的活动内容和形式，保证活动内容的政治性、思想性和教育性。思政课教师要积极探索如何使实践教学与学生社团活动相结合，使思政课实践教学以社团活动形式开展，将思政课课堂教学的内容同当前社会焦点问题联系起来，采取讨论、调研等方法，让学生自主实践，如关于新中国成立以来人们吃穿住行变化的调查，参观雷锋纪念馆，开展哲学辩论赛等，充分调动学生学习的积极性和主动性，提高思政理论课实践教学的吸引力和感染力。

（二）校园文化活动

校园文化活动是思政理论课实践教学的重要平台，充分利用这个平台，不仅有助于校园文化的繁荣发展，而且有助于提高思政理论课实践教学的有效性。

1. 校园文化活动是思政课校园实践教学的实践路径

依托校园文化活动开展实践教学活动，为思政理论课实践教学开拓新领域和新阵地创造了有利条件。因此在丰富多样的校园文化活动中，思政理论课实践教学能够逐渐得以全方位展开。具体来说，基于校园文化活动的思政课校园实践教学主要包括以下三种实践路径。

（1）竞赛类实践活动

竞赛类实践活动有大学生辩论赛、演讲比赛等。辩论是一项可以提高思辨能力、了解多种知识、培养团队精神、锻炼思维表达能力的活动。当前大学生辩论赛的辩题无论是思辨性还是现实性辩题，都与思政理论课教学内容紧密相连。参与此项活动，既有助于深化对重大理论问题的理解，又能提高大学生的思辨能力，培养他们的创新和团队精神。主题演讲不仅带给大学生语言的震撼，而且带来了心灵的震动和思想的升华。很多高校一直将这些竞赛活动看作思政理论课教学的第二课堂和大学生实践创新的重要平台。作为一项实践教学活动，思政理论课教研部门每次都选派教师参与指导或担任评审。一般而言，校内比赛，思政理论课教师主要担任评判工作，参加省级或校外竞赛则选派优秀教师担任指导教师。从实施效果看，应该说竞赛类实践活动使得校园文化活动和实践教学和谐相长，各项竞赛也取得了较好的成绩，思政理论课实践教学也变得更加丰富多彩。总之，诸如主题辩论、主题演讲等竞赛活动，以竞争的方式激活了大学生的创造性思维，激发大学生的团队意识和社会责任感，在潜移默化中提升了思政教育的效果。

（2）主题实践活动

主题实践活动有最佳党团日活动、主题班会等。党团日活动方式多样，内容丰富。这些活动可以使党团员大学生充分意识到党团员在保持先进性、发挥先锋模范作用、争先创优中的重要性，更加坚定其社会主义信念。主题班会是围绕特定主题而开展的班级教育活动，通过主题班会来明辨是非、提高认识，树立正确的世界观和人生观，激发大学生的历史责任感与使命感。

2. 以"三个结合"促进思政课校园实践教学的发展

（1）团学部门的组织发动与教学部门的指导考核相结合

校园文化活动作为一项校内实践活动，其蓬勃发展离不开各级团学机构的组织和动员。参与校园文化活动的主体是大学生，团学组织对大学生影响力和号召力较大，通过它们进行发动和组织比较有效。实际上，大多数校园文化活动本身就是各级团学机构发起并组织的。但作为思政理论课实践教学的一部分，思政课教学部门必须根据校园文化活动的形式和特点，选派相应的思政课教师参与指导，并对大学生参与情况进行必要的考核。两个部门的密切合作是基于校园文化活动的思政理论课实践教学顺利发展的基本条件。

（2）学生全员参与和自主选择相结合

实践教学是与思政理论课理论教学并重的一项教学环节，在实践教学过程中，教学部门和教师对所有学生的要求是一致的，所有学生都必须参加，教师根据学生参与情况给予评分，并以一定比例计入学生的思政理论课总评成绩。在丰富的校园文化活动中，我们鼓励大学生根据自己的个性和特长选择最具有优势的实践形式。任何实践活动，只有尊重主体的选择性，实践主体的积极性和创造性才能得到充分发挥。大学生个性差异大、能力类型不同，实践创新也会有较大区别。可是在传统的实践教学活动中，社会实践往往局限于社会调查和社会服务，大学生可选择余地不多，大学生难以根据自己的个性和特长来选择自己较为擅长的实践活动，因此大学生的实践创新能力也难以得到充分的体现。将思政理论课实践教学与校园文化活动结合起来，就是希望激发思政理论课实践教学的活力。在参与校园文化活动的过程中，大学生不仅展现自己的个性特质和个性魅力，而且自身的思想道德品质和实践创新能力也会在实践中得到不断提升。

（3）教师的全面参与和重点指导相结合

校园文化活动与思政理论课实践教学的结合，不仅要求每个学生至少参加一项校园文化活动，而且要求所有教师都参与到校园文化活动中来。除了校园文化活动主办方的邀请外，思政课教师还应主动走进大学生的校园文化活动中，包括直接参与活动和对活动的直接指导。教师的全面参与既是思政理论课实践教学的要求，也是推动校园文化活动高效开展的需要。但是，全面参与不等于平均分配教师资源，应根据学校特色，选择若干活动进行重点指导，打造特色项目或优势项目。这不仅有助于提高学校校园文化活动的知名度，而且有助于增强校园文化活动对大学生的吸引力，从而带动校园文化活动的发展和繁荣同时，塑造品牌和特色也是提高思政理论课实践教学效果的必然要求。在思政理论课实践教学过程中，既要兼顾面的普及，让每个大学生都能在实践中得到锻炼，同时又要抓重点、树典型，并通过典型带动一般，从而全面提升思政理论课实践教学的水平。

三、思政课社会实践教学的组织

（一）参观考察实践教学组织

参观考察革命纪念地，作为思政课教学社会实践的一种具体形式，能够使学生近距离地体验到革命先辈坚强不屈的革命斗争精神、中国人民对革命的拥护支持以及对革命英雄的敬仰和爱戴，使学生在实践中接受革命传统教育、爱党爱国教育，培养爱国主义、集体主义和革命英雄主义精神，增强学生的社会责任感和使命感，使学生坚定信念，刻苦学习，成为栋梁之材。开展此类实践活动，旨在使学生学习和继承优良传统，弘扬革命精神和时代主旋律，增强对社会主义核心价值体系的认同，坚定为把祖国建设成富强、民主、文明、和谐的社会主义现代化国家而奋发学习的理想和信念。

参观考察的实践活动包含5个部分，分别是组织学生观看关于参观地的影视资料，了解当年的革命事迹；带领学生追寻革命足迹；走访革命亲历者或知情人，重温革命历史，感受峥嵘岁月；撰写一篇实践报告；实践小组之间相互交流实践感受。

参观考察的实践活动以学生为主体，以参观和访谈为主线，以革命遗址为载体，在任课教师指导下，以实践小组为组织单位，以相互交流实践感受为成果展示形式进行组织安排。

参观考察实践活动是以情境教学法为理论根据设计的。情境教学法是指在教学过程中，教师有目的地引入或创设具有一定情绪色彩的，以形象为上体的生动具体的场景，以引起学生一定的情感体验，从而帮助学生理解和感悟知识，并使学生的思想情感得到升华的教学方法。情境教学法的核心在于寓教学内容于具体形象情境之中，激发学生的情感，使学生受到一定的思想教育。追寻革命足迹的实践活动，就是通过让学生参观考察革命遗址、遗迹以及纪念馆（堂）等爱国主义教育基地的方式，为学生提供一个受教育的特定情境，在这个具有深厚历史文化和洋溢着革命精神的氛围中，使学生穿越历史时空感受革命先辈为国为人民所走过的不平凡的足迹，从而使他们内心受到触动，心灵受到震撼，情绪受到感染。感情得到升华，深化课堂理论教学效果。

（二）社会调查实践教学组织

社会调查是人们有计划、有目的地运用一定的手段和方法，对有关社会事实进行资料收集整理和分析研究，进而做出描述、解释和提出对策的社会实践活动和认识活动。在思政课教学中实施以"指导学生开展社会调查，撰写调查报告"为主要内容的实践教学，培养大学生运用马克思主义理论指导自身实践，符合思政课的教育目标。

开展社会调查实践教学有助于学生形成主动探求知识、重视解决实践问题的积极学习方式；有助于加强对学生社会实践能力的培养，提高学生的社会实践能力；同时在培养学生的个性特长，挖掘学生的潜能，以及帮助学生在活动中感悟人生、学会做人等方面都具有非常重要的作用和意义。

第六章 高校思政教育人文精神培养实践

第一节 高校思政教育中人文精神培养的途径

一、强化人文教育理念

（一）积极贯彻以人为本的观念

人和人的发展是以人为本的根本，也是正确理解什么是教育的逻辑起点，是思政教育工作中的重中之重。教育是为了丰富人的知识、拓宽人的视野、开放人的思维，更重要的是为了促进人的全面和谐发展，使人在经过教育后能够站在更高的境界与层次上去看待问题，为社会做出贡献以实现自己的人生价值。以人为本就是坚持人的自然属性、社会属性和精神属性的辩证统一。以人为本就是一切从人的需要出发，主张人的发展不仅是发展的根本目的，更是发展的根本动力，一切为了人，一切依靠人。在高等教育系统中，人是最基本、最关键的因素，因此高校的思政教育要充分重视人的因素。

高等教育的目的不再只是为国家和社会培养高级人才，更主要的是它要满足受教育者个人的需要，使受教育者也从中受益。在高等教育系统中，受教育者个人需求的满足，一方面指在高等教育体系中，个人价值是非常重要的价值取向，高等教育具有促进个人发展知识能力、培养文明素养和改变社会地位等多方面的价值；另一方面指高等教育的私人收益率，从教育经济学角度来看，高等教育已逐渐成为个人和家庭投资的主要方向，其自身蕴含着很大的收益率，可在劳动力市场上获得更大的回报。

此外，高等教育除了要在观念上体现以人为本的发展观，更要在实践中加以保障。国内许多高校实施的学分制改革和大学生就业的"双向选择"都充分关注到学生的兴趣和需要，尊重学生的意志和选择，这些都体现了以人为本的发展观。所以"以人为本"的教育就应该是立足于人的全面发展，既重视科学知识，又倡导人文精神的素质教育。人才的培养不是一蹴而就的，它是一个系统工程，"以人为本"要求在教学过程中把学生当成一个完整的、有思想的、有主观能动性的、有判断力的人，重视学生全面素质的提升。

高校在思政教育中贯彻以人为本的教育理念，是以培养和造就具有人文精神的知识分子为首要目标的。高校的管理者在思想上要认清大学的性质、作用和地位，认识到大学是创造和传播文化的重要领地，而所有文化都以体现人的普遍价值、社会正义和美好理想的人文精神为灵魂，也就是说这一切都是"以人为本"的，以人为本应当成为高校办学的最高宗旨。在思政教育中贯彻以人为本的观念，就是要把大学生的切身利益放在首位，以实现大学生的全面发展为目标，从广大学生的根本利益出发谋求高校的发展，通过学校的持续发展来满足大学生日益增长的物质文化需求，切实保证学生各方面的权益，让高校的发展惠及每一位学生。

在思政教育中充分体现"以人为本"，就是要全方位关心、爱护学生，一切教育工作的开展都要从学生发展的角度出发，一切工作都要紧紧围绕有利于学生综合素质的提高，从而提高学生的身体素质、心理素质、思想道德素质和科学文化素质，并提供必要条件来满足学生对各项素质提高的需要。

在高校思政教育中贯彻以人为本的理念，是高等教育发展的客观要求。21世纪强调以人为本，促进人的全面发展日益成了时代发展的潮流和趋势。创新是为了发展，发展是高校的终极目标，但发展的目的是人的发展，是促进大学生的全面发展。发展是一个手段，人和人的全面发展才是最终目的，而发展需要有一个和谐稳定的社会环境，只有构建和谐高校才能真正体现以人为本，从而促进高校大学生的全面发展。

（二）帮助大学生树立正确的人生观

要培养当代大学生的人文精神，关键环节就是帮助大学生树立正确的人生观、价值观。人生观是一定社会或阶级的意识形态，是一定社会历史条件和社会关系的产物。受人们世界观的制约，人生观的形成是在人们实际生活过程中逐步产生和发展起来的。人与动物的显著区别是人具有思想，作为思想的一部分，人生观是人们对待人生的目的、人生的价值、做人的标准等人生问题的比较稳定的根本观点和态度。处于不同社会关系中的人，由于政治利益和经济利益的不同，受多方面因素的制约，一般会形成不同的人生观。对于当代的大学生来说，应当对其深入持久地开展对于人生的意义、目的和价值的教育，帮助大学生真正懂得人生的意义，使其所学贡献于人民、社会，把人民群众的利益放在心上，力求为人民做好事。

价值观和价值观体系是决定人的行为的心理基础。价值观是人们对社会存在的反映，是社会成员用来评价行为、事物以及从各种可能的目标中选择自己合意目标的准则。

价值观通过人们的行为取向及对事物的评价、态度反映出来，是世界观的核心，是驱使人们行为的内部动力。它支配和调节一切社会行为，涉及社会生活的各个领域。而高校在思政教育过程中就是要将核心价值观引入人文精神的培养中去。社会主义核心价值体系是中国特色社会主义主流意识形态的本质体现。坚持社会主义核心价值体系要求我们必须巩固马克思主义指导地位，坚持不懈地用马克思主义中国化的最新理论成果武装全党、教育人民，用中国特色社会主义共同理想凝聚力量，用以爱国主义为核心的民族精神和以改革创新为核心的时代精神鼓舞斗志，用社会主义荣辱观引领风尚，巩固全党全国各族人民团结奋斗的共同思想基础。大学生核心价值观的建构不仅为建设中国特色社会主义国家奠定了坚实的理论基础，也为广大学者对今后的理论研究指明了方向和任务，更为高校思政教育的创新过程中加强大学生人文精神培养提供了新的思路。具体到高校自身，应在以下几方面有所作为。

首先，在思政教育中要始终坚持以马克思主义作为指导思想。马克思主义指导思想是社会主义核心价值体系的灵魂。当代大学生只有依靠马克思主义的观点、理论和方法的指导，才能在错综复杂的社会现象中看清事物的本质，明确经济社会的发展趋势和方向，正确认识社会思想意识形态中的主流与支流。

其次，高校思政教育要始终坚持以中国特色社会主义共同理想作为核心内容。中国特色社会主义共同理想是社会主义核心价值体系的主题，它包括坚定对中国共产党的信任、坚定走中国特色社会主义道路、坚定实现中华民族伟大复兴三方面内容。当代大学生对中国特色社会主义共同理想的意义有着切身的体会，但并未经历过苦难的他们，在社会变革发展的过程中更容易出现内心的迷失与矛盾，因此在思政教育中始终将中国特色社会主义共同理想作为核心内容显得尤为重要。

再次，高校思政教育要始终把以爱国主义为核心的民族精神作为主旋律。以爱国主义为核心的民族精神是社会主义核心价值体系的精髓。中华民族上下五千年的传统文化，造就了我们伟大的爱国主义情怀，孕育了中华民族自强不息、勤劳勇敢、爱好和平的民族精神和时代精神。而民族精神与时代精神的培养，是当代大学生人文精神培养的题中应有之义。

最后，思政教育的关键是要始终坚持以"八荣八耻"为主要内容的社会主义荣辱观的教育。社会主义荣辱观是社会主义核心价值体系的基础。高等教育工作者需要在对"八荣八耻"的内涵进行深入的理解和研究之后，寻求合适的教育方法和渠道，使其从表面口号内化为大学生衡量是非对错的重要价值尺度，从而有效地发挥其对当代大学生理想、信念、价值观养成的引导作用，这也是对当代大学生进行人文精神培育的基本内容。

总之，社会主义核心价值体系继承了中国传统的宝贵价值观，是承载着中国特色社会主义的共同理想核心价值体系的基石。广大教育工作者应本着对国家民族的前途命运高度负责的态度，紧紧围绕构建社会主义核心价值体系的目标要求，坚持以正面教育引导为主的教育方法，共同担负起引导大学生牢固树立社会主义核心价值观的重任。

（三）重点培养学生的主体意识和自由意识

任何脱离了知识和文化载体、脱离人类的实践经验和社会生活的抽象的思政教育是没有现实意义的。新型思政教育模式下的教育对象，不是思想道德容器或经济动物，而是具有明确奋斗目标、高尚审美情趣、既能创造又能懂得享受的主体。以人为本的思政教育是在现代复杂的社会背景下，充分尊重大学生的差异性和独特性，尊重大学生的自由和自主，尊重大学生个体的成长，培养大学生独立思考、合作的精神，并且培养大学生对自己反思和质疑的能力，注重培养大学生正确的人生观、价值观和世界观，从而提高大学生的人文素养，使大学生成长为具有健康人格、富有创新精神的适应社会发展的人才。

然而，仅仅去尊重受教育者主体性的诉求，并不能真正建构一种完整的、新型的思政教育模式。在很大程度上，它与传统的教育模式之间的关系仍然是模糊不清的，如果不能从根本上解决思政教育的功利性，就不可能建立一种全新的，以人为本的思政教育模式。传统的思政教育不考虑受教育者的主体性，使用填鸭式方法异化学生的思想。在实际的思政教育过程中，教育者与受教育者之间的交往应该是一种积极的交往，如果将任何一方视为万能的，则名不副实。因此，高校思政教育工作者更应该理性、谨慎地对待受教育者的主体性在教育中的作用。

自由是人类社会追求的永恒主题，马克思主义的自由理论为我们尊重人权以及尊重人性的自由发展指明了道路。然而，西方自由主义的价值观念的冲击以及转型期市场经济带来的负面影响，导致了当代大学生自身认识具有主观性，其自由意识很可能与马克思主义的自由意识背道而驰。高校在开展思政教育的过程中应积极致力于将个人自由与社会主义发展有机结合，通过培养大学生的社会主义自由观使其形成正确的精神信仰和价值追求。所以，自由精神是大学人文精神灵魂之所在，也是大学人文精神产生和发展的根基。一般来讲，主要表现在以下两个方面。

1. 学术自由

学术自由指专业上合格的人士在他们所胜任的学科中自由地调查、讨论、发表或教授他们所认为的真理。作为大学的核心理念，学术自由是所有一流大学孜孜以求并赖以立足的最为宝贵的根基。学术自由是大学的灵魂，只有充分享有学术自主权，富有浓厚的学术氛围的大学，才能真正找回大学的人文精神，大学也才能正确地享受其他的权利，主动、自觉地走向社会中心。

大学作为学术研究的高等学府，其学术自由既包括教师的教学自由也包括学生的学习自由。教学活动是依赖于理性并最终指向学生理性发展的。而理性本身不仅意味着自由，而且追求自由。因此，教学活动本身就是建立在活动主体的自由自觉基础上的。对于教师而言，没有他们自由自觉的思考、理解、选择和采取行动，就等于没有形成真正的教学意向，没有真正理解教学内容，没有真正构建教学关系，没有承担教学伦理的义务。简而言之，没有教师的教学自由，就没有真正的教学。大学生的自由主要体现在三个方面：生活的自主权、学习的选择权和思维人格的独立性。所谓生活自主权，就是大学生不仅有独立自主地生活的能力，而且有自主地选择生活方式的权利。也就是说，在生活的内容和方式上，大学生对父母、学校、社会等的依赖程度相对于小学和中学来说，要小得多，所受到的影响也较小。学习的选择权，就是大学生在一定程度上，可以独立地选择学习的方法和内容。思维人格的独立性，就是人格的独立自主、个性化，大学生应有自己的主见，不能人云亦云，应有自己的思维方式和思辨意识，带着批判的精神学习、工作和生活。

2. 思想自由

思想自由是学术研究的本质要求。只有思想自由，人性才能得到真正意义上的解放，才能够使人类探求真理的过程更具开放性。大学生的思想自由也可以理解为大学生的精神自由，大学生作为高校思政教育活动中的受教育者理应被作为一个自由的主体来看待，高等教育从根本上说就是为了个人自由的实现而存在的。自由是每个人所应有的权利，大学生之所以缺乏思想自由，并不是因为这种自由被他人剥夺了，而是因为这种自由被这个时代所产生的功利主义、拜金主义等不良价值取向所剥夺了。因此，解决大学生思想自由的问题并不在于无止境地灌输所谓的高尚理想和正确价值观，而在于关注我们生存的时代和环境，搞清楚人类生存以及教育和受教育的真正目的是什么，这一过程同时也是构建大学生思想自由的过程。这就要求在教育过程中我们应注意，一方面，教育活动的对象应指向学生的个体心灵，使受教育者认识到自我存在的主体性和不同于他人的特殊性，只有这样才能使受教育者的精神得到升华，从而不至于落入俗套；另一方面，高校的思政教育应当避免功利化倾向，大学生的学习和生活总是处于一定的环境之中的，其中最为重要的主要环境就是大学。不可否认的是，在市场经济的大背景下，大学功利主义盛行正日益成为大学生思想自由和个性发展的最大障碍，因此，我们必须将大学生的思想自由从功利化牢笼之中解救出来。

（四）大力培养学生的科学精神和创新精神

科学精神是坚持以科学的态度看待问题、评价问题，而不借用非科学或者伪科学的手段。科学通过求真，可以达到求美、求善，科学把真善美的统一作为自己的最高价值准则，这是科学精神的最高层次。谈科学精神不得不谈人文精神，在我国这两者是在相对的情况下提出并对比的。科学精神与人文精神本是从一个母体中诞生的，都与文艺复兴有关，但后来随着学科的发展与分化，这两个学科在一些问题上产生了冲突。实际上这两种精神都是正面的，都是人们所需要的。作为一个现代人，要努力按照科学精神和人文精神的共同要求做人做事。科学精神和人文精神是人类精神必不可少的组成部分，也是人类实践不可或缺的精神动力。科学精神与人文精神互相影响，主观上有利于形成正确的人生价值观；客观上有利于形成和谐的人际关系。因此，在现代社会中如何共建科学精神和人文精神，是21世纪大学思政教育所必然面临的历史课题和必须承担的历史责任。

创新精神指对各种价值观念、思想观念、行为准则的创新，具有能动性、导向性。人们如果失去创新精神，即便知识渊博也很难有所建树。创新精神属意识范畴，是通过人文环境和深刻的文化底蕴的熏陶，并在实践中不断地提炼出来的。创新精神的形成绝非简单的科学知识和专业知识堆积的量变结果，而是人们利用知识这种工具结合实践经验所形成的质的飞跃。科学知识要回答的问题是"是什么""为什么"，只告诉人们客观世界的既定事实及由其总结出的规律，只是给人们的创新提供了良好的工具，而人文知识要回答的问题是"应该是什么""应该如何做"，是求的过程。因此具有导向性、主动性的创新精神只能来自人文精神和科学精神的有机结合，也就是说创新活动只能从实践中来，既定的科学知识在实践中派生出外部的人文知识、人文环境、人文实践。

创新是一个民族进步的灵魂，是一个国家兴旺发达的不竭动力。创新精神是人类最高层次的精神，它是教育改革的核心，培养学生的创新精神必须着力培养学生的创新能力。21世纪是知识经济时代，而知识经济的本质就是创新，培养创新精神是时代对大学生人文精神提升所提出的基本要求，也是大学生必备的素质之一。所以，新时代高校思政教育必须非常重视创新精神的培养。教育者需要做到以下两点。第一，充分激发大学生的创新潜能。其大致有四种方法：良性暗示，即开发头脑中的潜能，使大学生尽可能多地从周围环境和别人身上得到良性暗示；幽默氛围，适当的幽默可以缓解紧张的生活情绪，协调人际关系，有助于摆脱固有的理性思考的束缚，为创新精神的培养提供条件；制造困境，人在遭遇困境或陷阱的时候，会展示出非凡的能力，只要能适当地为自己制造困境，就会开发出无尽的潜能；成果激励，每一个人都希望自己的劳动能够获得成果，因而用未来的成果便能很好地激发出一个人的积极性，使其大脑高速运转起来。第二，投身社会实践是培养大学生创新精神的落脚点。实践是检验真理的唯一标准，因此，要开发大学生的创新精神,培养大学生的创新能力,必须让其投身社会实践。只有在实践中才能找到想与做的差距,只有在实践中创新理念才能变为现实。

二、加强人文学科体系建设

(一)调整课程设置和专业结构

未来社会需要的是复合型人才,提倡文理渗透、科学与人文并举,从而有效防止培养有才无德的学生。从现实我们看出,如果高校教育中仅有科学教育,没有人文教育,只会教出来高智商的罪犯,这将在很大程度上影响人类自身、社会的和谐发展。所以,适应现代社会的教育机制应该讲求科学与人文的统一,既要教会学生"如何而生",又让学生领悟"为何而生"。

在教育体制中人文教育依然备受抑制的背景下,调整课程设置和专业结构,已经必须提到各高校教学改革的日程上。高校要想彻底改变人文精神失落的现状,就应该大力扶植人文学科的建设和发展。各高校应该充分意识到人文学科的教育价值,采取积极措施,加强在图书设备等硬件设施方面的经费投入,优化资源配置,注重优秀师资力量的支持和引进,在各个方面给予政策倾斜。因此,在高校思政教育中必须优先发展人文教育,尽快使人文学科发展成为跟自然科学类学科并重甚至超越它的优势学科。

(二)加强人文知识的普及

人文精神的形成过程是一个从实体到认知的过程,即由具体的知识到处理事情的方法最后到形成观念的过程。培养人文精神的基础是人文知识的不断学习与积累。通常意义上的人文包括人文精神和人文知识。著名英国教育家利文斯通认为人文学科具有如下特点:第一,告诉人们"人"是人的精神和人的本质的结合;第二,使人拥有灵活的头脑,并且懂得自我批判;第三,教人学会欣赏,使人开阔眼界。可以说,人文知识的学习有助于我们以直接或间接的方式懂得人生的价值,让我们能够认识自己的内心世界,并学会承担社会赋予我们的责任。人文知识积累得越多,我们观察事物的视野也就会越宽,我们处理事务时融会贯通的能力就会越强,进而我们的创造力就越强,最终我们成功的可能性就越大。因此,要想提高学生的人文素养,合理设置人文课程是必不可少的。

1. 重视人文教育的课堂教学过程

课堂教学是当代高校对学生进行教育的主要手段,当然人文教育也不例外。因此,在学科设置方面,适当地增加人文社会学科课程的课时数,是十分必要的。除此之外,高校还要充分利用各学院的专业优势,进行教学资源整合,各系之间实现资源共享,设置人文学科成为全校选修课,使全校学生可以跨专业、跨学科选修这些人文学科,优化学生知识结构，拓宽学生的人文视野。在课堂教学方面，教师在课堂教学过程中应该将人文精神渗透到所讲的内容中，不仅仅做到"授业、解惑"，而且做到"传道"，教给学生正确的人生观、价值观。人文教育应该以古今中外的一切优秀文化成果为蓝本，内容涉及人文科学中文、史、哲等所有领域。让学生通过学习这些课程并参与相关活动，可以在思想中沉淀一种文化，并使之潜移默化地影响自身的行为，以确立正确的处事原则，如爱国主义、集体主义等。

2. 定期开展人文知识讲座

高校各系之间要整合资源定期举办人文知识讲座，并鼓励学生多阅读人文相关书籍。由于讲座不记学时、不会考试、不记名听讲等特点，非常符合现代大学生自由的性格，因此讲座的形式在学校中颇受学生的欢迎。讲座的内容可以是主讲人的亲身体验或者是精心准备的其他内容，主讲人应突出主题，以演讲式的激情，使讲座的内容引起大多数学生在时间和空间上的共鸣，发挥其强大的感召力。而这种感召是可以传染的，受感召的学生会感召同宿舍、本学校乃至校外的人们，从而产生很大的精神效应。

（三）高度重视大学德育工作

要想普遍提高大学生的人文素质，大学德育工作势在必行。在新的时代，它肩负新的使命，就是为国家培养高素质的合格人才。所以，各高校必须从实际出发，努力探索新时期大学生德育工作的新方法、新途径，增强教学目标的实效性，要出效果，就不能进行走马观花式的教育。目前我们的大学德育主要是通过政治课实现的，通过对哲学的剖析，让学生对人的存在及其本质有所思考，通过探究人与人的关系、人与世界的关系，拓宽学生的思维，陶冶学生的情操，使之建立良好的品行、正确的价值观。因此，我们必须提高思政教育课程在学校课程中的比例，以增强其在引导学生正确做人方法中的作用。德育课包含的内容非常丰富，在教学过程中我们应立足于大学德育的现实状况，重点培养以下内容。

1. 重点培养学生的理想信念

人活在世上不能没有理想，理想是我们力量的源泉，是我们生存的动力，它使我们在生活中不断完善。理想是人生的奋斗目标，是人们对未来的一种会实现的想象。

一个人如果失去了对美好未来的希望和想象，就没有了生活的精神支柱，没有了战胜艰难险阻的勇气，从而失去了创造更加灿烂的生活的动力。反观社会亦是如此，一个社会中的人如果失去了理想、信念，就不可能团结，这样的社会是动荡的社会，是不和谐的社会。

在现代社会中，一些大学生都没有"信仰"，没有真正意义上的精神支柱，很容易产生空虚的感觉,所以,我们要强化对大学生人文意识的培养,坚持理想信念的教育,深入进行爱国主义、集体主义的教育,使大学生树立正确的人生观、世界观和价值观,唤醒大学生的人文精神,提升大学生的综合素质水平。

2. 重点培养学生的道德修养

人文精神的培养最核心的内容就是道德的培养,其也是高校思政教育的最终目标。要想培养学生的人文精神,重中之重就是对学生进行道德教育,这也是高校思政教育的要求。道德是一种社会意识形态,是人们共同生活的行为准则与规范。它是社会生产与生活中人与人之间的关系的直接反映。一个完善的社会体制必须存在一个高于一切的道德约束,倘若一个社会没有了道德的约束,那么社会的发展便没有了保障。因此,加强大学的德育工作是培养大学生人文精神的必要条件。首先,加强学生的道德认知能力培养。其就是让大学生在学习过程中,认清道德所包含的内容,辨明什么是合法的什么是不合法的,什么是应当做的什么是不应当做的。其次,加强道德伦理秩序的制度化建设,对经济社会中的负面因素加以约束和引导。最后,强化传统道德思想教育。通过对传统道德的发扬,唤起人们对高尚品德、美好事物的向往,从而提高人们的道德认知,有效地抵制拜金主义、利己主义等负面影响,营造好的道德伦理氛围。

(四)将人文精神贯穿于专业课的教学中

人文精神无处不在,它存在于我们个人生活的各个细节中。人文精神的培养,不是简单地合并相加现有的学科,而是要将人文学科和自然学科进行有机结合,将人文学科渗透到所有的学科当中去,渗透到所有的课堂当中去,旨在让所有专业的学生树立共同的世界观、人生观、价值观,使他们形成共同的道德行为准则,最终形成科学与人文的统一,个人与社会的统一。如果教师能在大学生四年的大学时光里将人文教育渗透到每节课上,那么一定可以取得事半功倍的效果。高校教育工作者必须改变过去的重理轻文的思想,摒弃那种培养纯粹的"技术工作者"的观念,同时要改变过去那种纯粹讲述专业知识的教学方法,除了讲述专业知识以外,要穿插人文精神教育。

教师在教授每一门具体课程时,都应该研究并且解决下列问题:怎样才可以让学生在学习过程中充分体现自己的主动性,让他们在研究中尊重事实但不盲从轻信,让他们在自己的信念与固有思想产生矛盾时,敢于坚持自己的信念,有质疑的勇气,有探索的科学精神。这就要求教师在上课的过程中,除了注意传授专业知识外,还要注意人文精神与专业课教学的融合,有意识地进行理中带文、文理渗透的教学,将理性科学问题放在社会的具体事例中,方便学生进行全方位的综合思考,最大限度地将人文精神渗透到专业知识之中去。在这一方面,我们应借鉴西方先进的教学方法,使我们的学生在大学期间既掌握到科学知识，又能提高自身的人文素质。将人文精神贯穿于专业课的教学中，应遵循以下几个原则：第一，建立平等的师生关系；第二，以激发学生自身的求知动力为目标；第三，重视对大学生道德理想树立的引导；第四，注重培养学生的思维方法。

三、营造人文精神培养环境

（一）创建良好的社会环境

由于社会环境对校园教育的影响力越来越强，我们要提高校园内人文教育的效果就必须加强规范社会环境。社会不能通过一个单独的机构对它的一切组成部分发挥其广泛而有效的作用，不管这个机构多么广大。可以看出，社会是一个整体，它是不可分割的，社会的各部分是相互联系、相辅相成的。因此，要想提高整体的国民素质就不能单单靠学校的教育，我们需要全部的社会组织都参与其中，学校实现校园生活中的人文教育，其他社会组织实现社会生活中的人文教育，而这两者之间又相互影响、相互作用，使得人在一生中都被这种优异的人文环境所影响。由此可见，社会环境的优化，对大学人文精神的建设将会产生深远的影响，是非常必要的。

1. 加强制度建设

大学生人文精神的匮乏，一方面是学校教育上的疏忽，另一方面社会也承担着推卸不了的责任。因此，培养大学生的人文精神，社会亦责无旁贷。而在社会力量中，政府充当着非常重要的角色，它必须在政策上给予大力扶持，通过改革和完善制度等手段，争取创造出符合人文发展的合理机制。制度是对各种社会关系的明确化、固定化、规范化，它规范着人与人之间的社会关系。制度是社会和谐发展和运行的基础和保障。所以，制度不仅可以为好的、健康向上的精神现象的孕育、弘扬提供良好的社会环境，而且可以以刚性的规范约束、扼制不良及丑恶精神现象的滋长蔓延。

众所周知，我国现在是具有中国特色的社会主义市场经济的社会。而从现代经济学中可以知道，不管是在社会主义体制下还是在资本主义体制下，市场经济就是一种法制经济，它是依赖于一整套规章制度的约束而运作的，它仅仅依靠人们的自觉性构建起来的道德规范是不可能正常而有效地运作的。所以，可以看出，在当今社会中，人文精神的建设不能只靠道德，而必须依靠法制。

因此，政府应该顺应社会的发展，加大立法、执法的力度，使我们在生活中有法可依、有法必依、违法必究，让这些规章制度给我们的人文精神建设提供可靠的法律保障，让社会的发展方向更加有利于学生的思想进步。

2. 加强外部环境建设

人文精神的培养不仅要靠学校的教学，还需要学校外部环境即社会对它的大力支持。所以，大学的人文教育不能闭门造车，而要适应外部社会环境。完善的社会人文环境有利于大学生逐步养成人文精神。倘若仅仅抓住学校中的人文教育，而忽视社会在这方面的影响力，就会使学校的人文教育失去社会基础。因此，要想对大学生进行全面的人文教育，就要在包括高校在内的全社会范围内推广人文精神，提高全民的人文素质，使得我们每个人都能处在健康向上的人文氛围中，从而给高校学生提供一个和谐、健康的精神环境。

3. 积极改善媒体环境

媒体由于其传播途径十分广泛，近年来日益成为大众获取信息的主要平台，在人们的学习、生活中扮演着重要的角色。但是社会媒体总是表现得急功近利，略显浮躁。而它作为一种很重要的外部因素，在一定程度上制约了大学生人文精神的正确培养。各大媒体在不损害自身利益的同时可以尽可能多地发挥其正确的舆论导向作用，为我们学生的精神发展创造良好的环境，弘扬我们的人文精神。

（二）创造良好的校园环境

要想提高大学生的人文素质，除了在课堂上学习、在课外实践以外，还要注意外部环境的熏陶。作为大学生，这个外部环境主要就是校园环境。因此，我们需要大力建设和发展校园的人文环境，有效利用校园环境来育人，最终达到人文精神教育的目的。

在现实中不难看出，具有浓郁的文化底蕴和人文氛围的校园文化对学生的各个方面都有较好的影响，知名学府、百年名校，在其深厚的文化底蕴和人文环境中，培养出来的学生除了具有深厚的文化知识外，还具有良好的素质修养。

历史的沉淀虽不流露于文字，但是弥漫于校园中的舆论氛围却潜移默化地影响着大多数人，对他们的行为产生影响。在健康的氛围下，生活在此的个体将受到好的影响。因此，我们可以看出校园的人文环境具有潜在的教育价值。所以，借助于一些措施来营造良好的校园人文环境和文化氛围将是必不可少的，它将对改善现在大学生人文精神缺失起到非常重要的作用。当学生身在这样的环境中，耳濡目染，他们的人生观、世界观和价值观会不自觉地受到影响。

因此，要加强校园文化建设，建设良好的校园环境，在学校中形成浓厚的学术氛围，就要知识与学术并举、学科的一般性与特色性共存、在学术研究中也要体现艺术性和高雅性，以启发式教育作为重点。要具体实现上述目标需要从以下几个方面努力。

1. 加强校园文化活动的开展

校园文化是以学生为主要群体,以育人为主要目的,以校园为主要场所,以精神文化、环境文化、行为文化和制度文化建设等为主要内容,以校园精神、文明为主要特征的一种群体文化。校园文化是一种氛围、一种精神,它不仅可以极大地提升学校的文化品位,更是一所学校综合实力的体现。校园文化活动的开展对于提高高校师生员工的凝聚力,培养良好的校风,培育"四有"新人都具有重要的意义,是大学人文精神建设的重要组成部分。

校园文化的创建,一是要创造浓厚的学术气氛,如积极举办各种对提高大学生素质修养有益的系列讲座;二是要通过文化节、学术研讨节、读书社等形式大力开展校园文化活动,让学生在大学期间多体会丰富多彩的校园文化生活,并在这些活动中使自己的精神得到升华,以培养他们对社会的责任感、使命感;三是大力开展艺术活动,除了上述说的讲座等形式以外,学校还可以大力开展艺术活动,营造高雅的艺术氛围,提高学生的艺术修养和审美能力,以培养学生的人文精神。要使学生在参与或观看这些活动的过程中,培养自身欣赏美、创造美的能力,并在这些活动中锻炼学生,提高学生对社会的适应能力,开阔其视野,丰富其知识,达到提高大学生综合素质的效果。

大力加强校园文化活动的开展,必将有利于校园文化的建设。在活动中,可以创造出有利于学生思想进步、素质提高的艺术氛围,在这种氛围的影响下,学生将认同学校的人文环境,其将会为校园中的日常的管理工作带来便利。

2. 适当增加校园的人文景观数量

校园,不仅仅是一个学生学习、生活的地方,它还有着熏陶和感染学生行为的功能。一所拥有悠久的历史、淳朴的校风的高校,它的人文环境会非常和谐,这将会对培养学生人文精神产生深远的影响。完备的教学设施、浓厚的学术氛围、优雅的校园环境等,对身处其中的学生能够起到潜移默化的影响。因此,高校加强环境建设,势在必行,其是提高校园文化水平的重要因素。

对于校园自然环境,校方要积极开展绿化工作,使校园变得更加的美观、和谐和统一。校园中的雕塑、名人名言等要给人以精神上的陶冶、激励,在细微之处体现学校教书育人的宗旨。高校要利用这些文化景观最大限度地对人的行为进行规范。

对于教学设施方面,要尽可能地完善学校的科研设备、数字化设施以及校园网络,利用这些外部条件有效激发学生积极进行科学研讨的精神。高校还应该在校园内建设适量的人文景观,用这些美与知识的化身来鼓舞学生、影响学生,并将这些人文景观建设成校园文化的标识,让它们的精神不断地激励后来人。

第二节 高校思政教育中人文精神培养的实践

一、西柏坡精神概述

（一）西柏坡精神的科学内涵

1. 西柏坡与西柏坡精神的概念辨析

据史书记载，西柏坡原名为"柏卜"，从唐代开始创建，缘于村后面坡上翠柏苍郁而得名。20世纪30年代，该村里一位教书先生将"卜"改为"坡"，又因为与"东柏卜"村对面而立，所以就改名为"西柏坡"村，这样西柏坡就应运而生。中共中央机关迁到这里后，很多重要的会议都在此地进行。西柏坡和井冈山、延安一样，是国内著名革命纪念地和中宣部命名的中国百个爱国主义教育示范基地之一。西柏坡是全国精神文明建设先进单位。西柏坡纪念馆、西柏坡陈列展览馆等教育场所，是集革命传统教育、爱国主义教育和廉政教育为一体的多功能教育基地。

2. 西柏坡精神的内涵与实质

概括来说，西柏坡精神就是党中央在西柏坡时期形成的系统的思想观点、政治见解、行为表现的总和，是党在率领中国人民进行彻底的革命，进而建立一个崭新的中国的过程中形成的。它延续了井冈山精神和延安精神，是革命精神中非常宝贵的财富，同时也反映了我党的优良革命传统。西柏坡时期形成的西柏坡精神具有丰富而独特的内涵，具体体现在以下几方面。

（1）两个"敢于"的进取精神

两个"敢于"即敢于斗争、敢于胜利。它是中国共产党在中国革命面临着重大转折的形势下，敢于及时地抓住战争的时机，同国民党进行决战，将国民党的反动统治彻底推翻，敢于在革命的过程中夺取全国胜利的斗争气魄和革命精神的集中体现。

（2）两个"依靠"的民主精神

两个"依靠"即依靠人民群众，依靠全党和全国人民的大团结。西柏坡时期，在中国革命处于重大转折的大背景下，战争的形势发展迅速，不管是政治、经济，还是军事、文化等各个方面的斗争都非常激烈。这些都迫切需要中国共产党积极调动全国人民的积极性，充分发扬两个"依靠"的民主精神，为夺取全国的胜利而不懈奋斗。坚持依靠群众、坚持团结统一的民主精神，是西柏坡时期坚持走党的群众路线、贯彻党的民主作风的集中体现，也是西柏坡精神的内涵之一。概括来说，依靠人民群众，依靠全党和全国人民的大团结，不仅继承和发扬了坚持走党的群众路线、贯彻党的民主作风，而且反映了我们党相信群众、密切联系群众的精神状态。

（3）两个"善于"的科学精神

两个"善于"指不但善于破坏一个旧世界，还善于建设一个新世界。西柏坡时期，党已经基本完成了"破坏旧世界"的战略任务，所以，"建设新世界"的新任务也就自然而然地摆在了我们党的面前。在建设新世界的过程中，随之而来的就是一系列的新问题，包括党的战略核心及重点将如何由农村挺进城市，我国怎样才能从以往的农业国家转变为现代的工业国家，以及如何建立一个人民当家做主的社会主义国家等。在这些新挑战面前，党根据中国的客观实际，把马列主义的普遍真理与中国的具体国情大胆地结合，提出建设社会主义国家的科学创新理论。

（4）两个"务必"的创业精神

两个"务必"指务必使同志们继续保持谦虚、谨慎、不骄、不躁的作风，务必使同志们继续保持艰苦奋斗的作风。这是西柏坡精神的核心和精髓。两个"务必"的论断，目的就是要确保革命成功后，党的领导人能继续保持艰苦创业的精神状态。西柏坡时期，在即将取得胜利的关键时刻，正是两个"务必"的艰苦创业精神感召着全党人，使全党人在胜利面前不但没有被胜利的成果冲昏头脑，反而更加谦虚地为建设社会主义国家而不懈奋斗着。

（二）西柏坡精神的历史地位

1. 西柏坡精神是走向未来的党魂、民族魂

21世纪，面对复杂的国际环境，改革开放和社会主义现代化建设遇到了愈加严峻的挑战。这无疑对青年党员和领导干部的思政素质、工作作风、工作能力以及知识水平提出更高的要求。整体而言，当今的青年党员和领导干部较前辈相比，在很多方面都占有优势。但要使"两个务必"传承下去，就要加强革命传统教育，要继承和发扬优良文化传统。当代人们肩负着中国特色社会主义事业发展的艰巨任务，要使"两个务必"成为中国共产党人需要永远保持的优良传统作风，成为中国共产党和中华民族世代相传的党魂和民族魂。

2. 西柏坡精神是中华民族优良传统的重要组成部分

以古为鉴，可以知兴替。中华民族几千年的悠久历史，不难发现，一个王朝的兴衰变化、社会变革等会存在一个固有的规律，其中一个就是"忧劳可以兴国，逸豫可以亡身"。西柏坡精神的丰富内涵和核心主要是"两个务必"，其体现了艰苦朴素的优良传统，谦虚、

谨慎、不骄、不躁反映了我国传统的美德。西柏坡精神已经成为中华民族的宝贵精神财富，它所蕴含的优良传统是我们不断前进的精神保证。

（三）西柏坡精神对当代思政教育工作的重要启示

西柏坡精神的内在的"两个务必"、艰苦奋斗、不怕牺牲、为人民服务、干部要以身作则等优良传统对当代高校思政教育的创新发展有着重要的启示。

1. 坚持不断创新

西柏坡精神以"两个务必"为核心，以创新、民主、团结等为主要内容，充分体现了与时俱进的特质。西柏坡时期，党的思政教育工作在理论的不断发展和实践的创新中成熟完善。西柏坡精神对当代思政教育工作的重要启示主要表现在：时代在发展、社会在进步、形势在变化、实践更复杂，思政教育工作的理论和实践不创新，工作就没有实效性。我们要顺应时代发展的潮流，把握规律性，富于创造性，开创思政教育的新局面，为完成新时期党的中心任务做出贡献。当代思政教育的创新发展，结合西柏坡精神所蕴含的本质和内涵，就是要坚持社会主义核心价值体系，坚持中国化的马克思主义，加强党的先进性文化建设，增强社会主义意识形态的吸引力和感召力。

2. 以马克思主义理论为指导

马克思主义理论是思政教育的理论基础，有较强的指导作用。西柏坡时期，中国共产党人深刻总结革命历史经验和革命的经验教训，在革命实践中，进行思政教育工作主要是应用和发展马克思主义，以毛泽东思想为指导，这对西柏坡革命斗争的胜利具有至关重要的作用。审视西柏坡精神的发展脉络，中国共产党人正是以马克思主义为主导，把马克思主义基本原理与中国革命和建设的实际相结合，在理论实践上不断进行创新的。西柏坡精神的形成与西柏坡历史时期党的思政教育工作有着密不可分的关系。

3. 保持与人民群众的血肉联系

西柏坡时期，中国共产党领导人之所以能站稳脚跟，深受广大人民群众的支持和拥护，很重要的一点就是他们不摆架子，与人民群众保持密切的联系。在新的历史时期加强思政教育工作就是要走群众路线，这是做好工作的基本保证和重要支撑力量。只要我们时刻关心群众，把人民群众放在心上，群众才会时刻想着我们，这样思政教育工作才能真正地深入群众、赢得群众、教育群众，真正赢得人民。

（四）西柏坡精神融入大学生思政教育的必要性和可行性

1. 在高校中开展西柏坡精神教育的必要性

（1）是发展素质教育的需要

素质教育的宗旨是提高民族素质，它对应"应试教育"，不只注重传授知识，更加注重培养学生的能力和塑造个人的品质，更加注重学生思政教育的提高和全面的发展，最终培养出的是德才兼备的优秀人才。所以，在竞争激烈的21世纪，要推进教育的全面发展，必须把思政教育放在素质教育的首位。

思政教育是素质教育的灵魂，为了解决素质教育实施难的问题，我们必须在高校中加强思政教育，丰富思政教育内容。西柏坡精神内涵丰富，具有较大的思政教育价值，把西柏坡精神融入高校思政教育中，这样有利于大学生树立崇高的理想信念、较强的责任感，可以促使大学生的智育、体育、美育协调发展，有助于大学生素质教育的落实和发展。

（2）是大学生健康成长的需要

大学生的世界观、人生观和价值观还具有很大的可塑性，还处在形成和不断完善的阶段，而且深受环境的影响。为了适应时代的需要，应对大学生进行西柏坡精神教育，指导他们正确对待生活和学习，引导他们自觉地进行人生观和价值观修养，使他们健康成长。同时，在思政教育理论课程中加入西柏坡精神教育，能够使教学内容贴近生活、贴近实际、贴近大学生，摆脱枯燥无味的灌输式教育，让学生对思政教育理论课更感兴趣，进而增强思政教育课程的实效性。开展西柏坡精神教育，还会使大学生端正心态、认识社会、树立远大理想和信念，摆脱不良的生活和学习习惯，认真投入到学习中。西柏坡精神教育会对大学生产生持久的、潜移默化的影响，可使他们在无形中提高道德素质。西柏坡精神会丰富校园文化生活，使大学生在生活中提高道德修养。因此，在高校加强西柏坡精神教育是大学生健康成长的需要，学校要以育人为本，把立德树人作为高校思政教育的根本任务，引导大学生形成正确的世界观、人生观和价值观。

2. 在高校中开展西柏坡精神教育的可行性

（1）西柏坡精神的指导性强

西柏坡精神作为一个综合体，具有丰富的内涵和较强的教育意义，其教育功能之一是政治教育。政治教育作为西柏坡精神教育的重要内容，在整个教育内容体系中占有重要地位。不管以怎样的形式进行，西柏坡精神教育都抹杀不了它的政治色彩，它总是围绕我国的政治目标而开展的，是服务于无产阶级利益的。西柏坡精神承载着革命传统教育、爱国主义教育、社会主义和共产主义理想信念教育、艰苦奋斗教育等内容，以崭新的形式教育和鼓舞广大大学生热爱祖国、拥护中国共产党、坚持社会主义道路，这不仅使西柏坡精神的政治功能得到充分的发挥，还充分体现了其指导作用。可以说，西柏坡精神是高校思政教育中具有重要政治意义的内容，也是发展高校思政教育的政治创新工程。

西柏坡精神教育以爱国主义、民族精神和革命传统教育为内容,给大学生精神的激励、思想的震撼、心灵的启迪,从而指导高校思政教育的政治方向。

首先,西柏坡精神把中国共产党的光辉历史、英雄事迹和崇高精神作为社会主义教育、爱国主义教育、集体主义教育的鲜活教材,使大学生接受政治意识形态,达到政治认同,进而形成政治认同感;其次,在高校思政教育中弘扬西柏坡精神,可以展现中国共产党为了民族独立和人民解放所经历的艰苦奋斗的历程,使大学生更加深刻地了解历史,了解共产党,拥护社会主义道路,进而形成良好的社会政治意识形态;再次,把西柏坡精神传输给大学生可以帮助他们形成正确的世界观、人生观、价值观,有利于他们拥护社会主义道路和共产党的领导;最后,西柏坡精神将深刻地感染大学生,使他们的思想感情受到影响,精神生活得到充实,并且我们可以通过西柏坡精神形成政治舆论,来影响大学生,引导他们形成良好的政治意识。

(2) 西柏坡精神的内容丰富

西柏坡精神蕴含着丰富的革命精神,在西柏坡纪念馆我们所看到的每一处革命遗迹、每一件革命文物,无一不折射出革命先辈们崇高的革命理想、坚定的信念和高尚的品质。

从高校思政教育内容的层面来看,西柏坡精神培育大学生以爱国主义为核心的民族精神,使大学生树立正确的理想信念,形成良好的思想道德品质。

从教育对象的层面来看,西柏坡精神教育的形式多样。高校可以组织大学生到纪念馆参观学习,也可以让大学生观看历史纪录片,还可以请老红军做报告,这些灵活多样的形式,适合大学生的心理发展特点,有利于他们集中注意力,可达到更好的教育效果。

从高校思政教育方法层面来看,思政教育主要有显性灌输和隐性渗透两种方法,二者相互补充,不可替代。显性灌输是比较系统和全面地向学生传授道德规范和价值观念,是一种直接的、明显的方法。隐性渗透是将思政教育寓于活动之中,通过各种途径来影响思政教育对象,使大学生在活动中受教育,这种方法是间接的,不明显的。西柏坡精神教育无疑是一种隐性渗透式的思政教育方法,在实际教学中可取得较好的思政教育效果。

(3) 西柏坡精神的感染力强

大学阶段的学生正处在求知欲强的阶段,他们对社会、对历史充满好奇。他们对革命先烈的光辉事迹无限地崇敬,内心具有强烈的接受和弘扬革命精神的愿望。借助西柏坡精神这个载体及其感染力,将革命精神和西柏坡精神以参观访问的形式传输给大学生,有利于他们了解中华民族曾经承受过的深重灾难、中国共产党的英勇斗争事迹,进而树立民族自豪感和自信心，增强爱国主义热情，培养民族精神，弘扬艰苦奋斗作风，从而有利于大学生道德品质的形成和思政教育目标的实现。

（4）西柏坡精神的与时俱进

西柏坡精神是在中国共产党长期斗争中形成的，是永不过时的革命精神，它是历史的又是具体的，随着时代的变化发展而变化发展。其在不同的时代有不同的内涵和侧重点，在西柏坡时期，表现为敢于斗争、敢于胜利的精髓；在中华人民共和国成立初期，进行社会主义建设时表现为自力更生、艰苦奋斗的精髓；在改革开放时期，则表现为艰苦创业、勇于创造的精髓。虽然时代在变，但是西柏坡精神的精髓是一脉传承的，如勇于开拓、积极进取的朝气，谦虚谨慎的态度，艰苦奋斗、孜孜不倦的精神，廉洁自律、克己奉公的正气。它随着时代的进步不断增加新的内涵，它的生命永不枯竭，思政教育价值永恒。

在发挥西柏坡精神的思政教育价值时，既要向大学生展示其优秀传统的深刻内涵，又要结合改革开放和现代化实践不断展示其新的与时俱进的内容，紧跟时代的脉搏，与时代精神相结合，解放思想、实事求是、与时俱进，培养大学生的民族自尊心、自信心和自豪感，引导他们树立远大的革命理想，养成奋发向上、吃苦耐劳、自强不息的行为习惯。

二、西柏坡精神与高校思政教育耦合的实践

（一）西柏坡精神指导下大学生思政教育的内容

1. 传承西柏坡精神，加强价值观教育

价值观是人们从自身的需要出发而确立的关于价值追求、目标、标准、选择的概念，价值观的核心内容是价值标准。一般来讲，价值观是主体对客体有无价值、价值大小以及主体按照什么标准和运用什么方式评估、选择和实现价值的一种稳定的看法、观点和态度。一个国家的价值观，是在社会实践的基础上长期积淀而形成的，它有一个发生、演化的过程，是历史的产物。价值观教育是当代思政教育的主导性内容。西柏坡精神是马克思主义价值观的具体体现，是党和民族的精神财富。随着社会的发展，形形色色的价值观出现，人们的价值观开始具有自我功利的变化趋势，这些已经危及到校园里的学生。所以，我们应在高校思政教育中弘扬西柏坡精神，使马克思主义价值观深入每个学生心中，使他们树立集体主义思想和共产主义思想，把个人前途和祖国命运紧密结合起来，做好为社会主义建设和实现共产主义奉献的准备，这样大学生才能抵制外界不良价值观的影响，从而最大限度地实现自身价值。

2. 传承西柏坡精神，加强创新能力的培养

创新是人类社会发展与进步的阶梯，也是思政教育所要考虑的重要因素。创新精神的内容十分丰富，包括为追求真理而勇于牺牲的精神，敢于冲破传统观念和质疑科学权威的勇气，具有勇于创新的胆识、丰富的想象力等。创新教育是思政教育的拓展性教育。没有老一辈革命无产阶级的辛勤劳动以及当代劳动人民的积极性、主动性和创新性，中国特色社会主义现代化建设就不可能有好的成果，在一个国家所有的发展阶段中，创新精神是尤其重要的。

今天人们已经进入知识经济时代，知识更新的速度越来越快，要想在知识经济时代找到根基、站立潮头，就必须重视培养人们的创新素质和创新能力。所以在高校思政教育中，应该发扬西柏坡敢于创新的精神，将知识教育与思想素质教育结合起来，增强大学生的创新意识，培养大学生的创新能力。与时俱进地做好新时期大学生的思政教育工作，重点应抓好以下几个方面。

（二）将西柏坡精神融入高校思想政治理论课课堂教学

课堂教学是高校对大学生进行思想政治教育的主渠道和主阵地。把西柏坡精神融入大学生思想政治教育，首先应该以思想政治理论课教学为抓手，建设能适应新时代思政课教学要求的教师队伍，并在课堂教学中加大西柏坡精神教学的比重。

将西柏坡精神融入高校思想政治理论课教学，教师是关键。思想政治理论课是落实立德树人根本任务的关键课程，要想办好思想政治课程，就需要用习近平新时代中国特色社会主义思想引导思政课的总体发展大方向，引导学生用习近平新时代中国特色社会主义思想来武装头脑，不断增强道路自信、理论自信、制度自信、文化自信，厚植爱国主义情怀，坚定理想信念，拥护党的路线、方针和政策。学生阶段是人生的"拔节孕穗期"，具有无限的发展潜能和无尽的发展空间，因此，做好这一时期的思想政治教育工作尤为重要，思政课不可取代，思政课教师队伍的责任也极其重大。

办好思政课关键在于教师积极性、主动性、创造性的发挥，直接影响着学生对于思政课的理论吸收和学习效果。思政课教师首先要做的就是不断提高理论水平，以扎实稳固的理论知识，正确的方法引导学生扣好人生中的第一粒扣子。思政课的教学开展离不开教师的主导，要在教授理论知识的基础上，加大对学生认知发展规律的探究，充分发挥学生在课堂上的积极性、主动性，努力引导学生发现问题、探究问题与解决问题的能力。各高校还要建立教师激励的长效机制，完善教师培养制度，根据思政课教师不同的需求采取不同的激励方式，注重思政课教师的长远发展，使思政课教师在学风学识等方面以身作则，为人师表，传播知识，播撒文明。除了在教学上要加大创新与实施力度，思政

课教师自身同样也需要学习理论知识，自觉学习马克思列宁主义，坚持主流意识形态，在新时代的大背景下，关注社会、关注个人，汲取时代的养分，不断充实自己，提升自身的学术水平和教学水平，以精湛的理论知识参与到西柏坡精神的弘扬与传播中，努力做好一个思政课教师。

大学生是思想最为活跃的人群，且掌握着前沿的知识理论和技术水平，而思想政治教育是提高高校学生思想理论水平的最佳方式和最正确的途径。教师要结合西柏坡时期的重大历史事实，从哲学的角度加深对于西柏坡精神的理解。在历史唯物主义的学习中，将西柏坡时期党同人民群众的密切联系以及党全心全意为人民服务的宗旨联系起来，证实人民群众是历史的创造者。

在高校的思政课课堂中，教师应联系课本知识，引导学生深刻理解西柏坡精神的内涵、意义以及当代价值，真切地感受到共产党人在面临巨大挫折和执政地位的挑战之下，依然可以保持戒骄戒躁和艰苦奋斗的作风，以更加端正高校学生的思想政治方向，使其明确时代任务。

（三）将西柏坡精神融入到高校校园文化建设中

校园文化是环境文化、制度文化、精神文化等的统一，也是高校开展学生思想政治教育的重要组成部分。西柏坡精神是社会主义先进文化的重要内容，蕴含的宝贵财富也必须在高校的校园文化中得到重视。西柏坡精神融入到高校校园文化，可以从线上与线下两方面进行。

1. 加强校园网络文化的建设

网络具有高效快捷便于分享的特点，使得网络在人们的日常生活中具有很重要的意义，网络文化也成为影响人们思想水平的一个原因。作为思想政治教育的新阵地，很多高校都采取网络教育方式来对学生进行思想政治教育，引领师生观念，弘扬先进正气，展示大学生的风采。作为网络覆盖面较广的高校，思想政治教育的方式也应当随着网络的发展不断更新，高校应努力建立内容丰富、互动性强的校园网站，更要建设出自己的特色，以充分发挥其传播精神文化、凸显大学独特学术魅力的功能。引导学生多去关注弘扬西柏坡精神的专题网站和西柏坡精神研究网，校园网站不定时推送关于西柏坡的研究史料、人物事迹分享，做到开发并整合西柏坡的精神研究资料。班级QQ、微信群可开展关于以西柏坡为切入点的话题讨论，微信公众号每周或者不定期推送关于西柏坡的革命事迹和当地居民对于党在这一时期开展的活动回忆，将这种精神的相关资源及时发布到网站上，使学生能够全方位多方面了解与领悟西柏坡精神的内涵与史料。

2. 丰富校园各类文化活动

文化活动是高校进行思想政治教育和弘扬大学文化的一个重要载体,也是进行培育大学生的最有效形式。丰富多彩的文化活动不仅可以丰富大学生的精神世界、陶冶情操,更是可以起到有效的思想政治教育作用。在大学生文化活动中,要注重面向师生,传承以人为本、坚持依靠群众的西柏坡精神,以学生的成长成才为出发点,组织学生开展一系列具有思想性、启迪性、教育性的文化活动。

校园文化活动应注重提升内涵,党政工团学要齐抓共管,通过制度化、程序化的管理制度,提升社团的层次和等级,建设好符合校园特点的各类文化活动。可以围绕西柏坡时期党开展的一系列宣传教育、战略决策开展文化活动,将几十年前的历史重新搬到舞台上,舞台剧、歌舞表演、话剧等形式都可以成为融入大学文化活动的载体,在继承的基础上更加注重活动的创新精神,挖掘文化品牌,形成自己的特色,并赋予节目新的时代力量,最终实现对于大学生的育人功能。

不仅如此,学术文化活动作为大学生课堂教育的补充,其育人作用不容忽视。在前期宣传弘扬的基础上,优化学术文化活动的组织管理,结合西柏坡精神,开展各种形式的以拓宽知识、培养情操为主要目的的学术活动,如组织学生围绕西柏坡精神的某个知识点开展征文比赛,用笔书写出自身对于西柏坡精神的吸收与理解;又如开展艺术节,鼓励学生运用自己所长,以绘画或演奏等形式,表达对那一时期革命先烈的缅怀和那段艰苦岁月的致敬。

(四)将西柏坡精神融入到高校大学生社会实践中

1. 开展西柏坡精神教育活动

各高校要与当地政府、军政部门开展合作,加大西柏坡红色文化资源的开发和保护,以西柏坡革命遗址为依托,建立西柏坡精神教育实践基地。各高校可以积极组织开展形式多样的教育活动,让学生充分了解当年革命斗争时期艰苦奋斗的历史,自觉接受革命优良传统精神的洗礼。组织学生在西柏坡纪念馆重温入党誓词,并积极进行理想信念教育活动,在心中形成一个对革命时期西柏坡相关情况的了解,增强高校学生对于西柏坡精神的认同感和理解能力。

2. 开展西柏坡精神实地调查

各高校可成立"西柏坡精神调查小组"深入到西柏坡地区,沿途走访调查,对周边村镇进行实地调研,尽可能地获取更多关于西柏坡的第一手资料,方便后期学习和讨论。没有调查就没有发言权,通过调查而来的资料往往具有极高的历史价值和研究价值,能够帮助高校学生更为直观自然地感受发生在历史上的事实,获得更为真实的史料价值。走访西柏坡革命老区,访问经历过党在西柏坡时期开展革命工作的老干部或革命前辈,聆听来自他们对于西柏坡精神和发生在西柏坡的革命事迹的独到个人体验,提高收集史料、分析问题与解决问题的能力。

总之,西柏坡精神集中体现了共产党人在即将取得执政权时依然保持高度的进取、创新、民主精神,是对新民主主义革命时期党的一系列宝贵精神财富的高度发展和总结,也是中华民族精神的重要组成部分。在新时代,将西柏坡精神融入到高校大学生的思想政治教育,离不开学校思政课工作的创新,离不开高校思政课老师的不懈努力,不仅要通过校园文化将西柏坡精神潜移默化地影响和深入到学生的生活与思想中,还要通过创新实践形式和方式,创新教育载体,使得西柏坡精神的弘扬和传播做到理论与实际的结合,取得最优效果,让广大高校学生真正成为实现中华民族伟大复兴中国梦的中坚力量。

第七章 新媒体环境下高校思政教育实践路径

第一节 新媒体与高校思政教育

一、新媒体的内涵

（一）新媒体概述

随着新媒体的发展，新媒体越来越引起人们的关注，并对新媒体概念下定义，但人们对新媒体并未形成一个统一的概念。不过在与传统媒体对比方面，有了较为一致的认识，认为新媒体基于传统媒体而言是相对概念，是个动态变化的概念，是通过先进信息技术为社会大众提供服务的媒介状态。

长期以来媒体主要分成四大类：报纸、期刊、广播、电视。这些被划分为传统媒体。随着现代科学技术的高速发展，新媒体迅速发展，信息技术的高速发展实现了新媒体传播模式的不断更新，也让越来越多的人运用新媒体。根据著名新媒体学者石磊的新媒体定义，我们可以把新媒体分为网络媒体、手机媒体、数字电视媒体三大类型。

1. **网络媒体**

我国互联网与世界相连已有许多年。互联网对提升政府执政能力、社会治理效能。起着积极的促进作用。就传播角度来说，联合国新闻委员会把互联网列为"第四媒体"，与报纸、广播、电视并列。从报纸、期刊网络化到网络新闻传播，我国互联网发展日新月异，时刻以新的姿态出现在大众面前。我国政府一直高度重视互联网发展，制定网络新闻传播法律法规，规范互联网新闻传播形式，大力支持网络信息技术发展。

2. **手机媒体**

伴随着社会经济的不断发展和人民家庭生活水平的大幅提高，城乡居民人均收入相应增加，手机已经成为社会大众的生活必需品。围绕手机的沟通渠道愈加宽广。信息传播方式更加便捷，除了作为通信方式，手机更是思想交流渠道的有效延伸。同时，在某种意义上手机与报纸、期刊等传统媒介互相融合，与网络等新媒体互为补充。手机媒体在便捷性、交互性等方面有着得天独厚的天然优势，吸引了大量的用户。

在有机结合人际与大众传播优势的基础上，手机媒体的传播方式成为新形势下创新性的传播类型。依托手机为载体的手机报、手机电视、手机视频，与传统媒体相比，可以肯定的是更具传播优势。一是增强了时效性。没有版面、篇幅的限制，更新信息的速度加快，内容增多，用户随身携带手机，随时浏览相关信息。二是提升了互动性。海量的信息使手机媒体更注重与用户的互动，开设留言、评论版块，随时与用户互动，了解用户的所思所想，进而改进自身的内容。

3. 数字电视媒体

数字电视媒体是指电视信号的处理、传输、发射和接收过程中使用数字信号的电视系统或电视设备。作为传播媒介的一颗新星，数字电视具备传播快、覆盖面广、易于接收等特征，与其他媒体不一样的是，除了用来娱乐、传递资讯，数字电视在政府管理和社会治理领域也发挥着重要作用。

随着数字信息技术迅速发展与广泛普及，人们在看电影、视频、电视的时候，对画面的清晰度要求越来越高，也追求完美的音质效果，这些正是数字技术赋予数字电视的独特使命。基于交互性、数字性特性，数字电视媒体在提升人们生活品质方面发挥了重要作用，给予人们全新的生活体验。

（二）新媒体特征

借助新媒体加强和促进高校思政教育，是思政教育工作者的必然选择。新媒体具有开放性、及时性、交互性、个体性特征，与多元化的教育环境、时效性强的教育内容、自主性的教育手段、针对性强的教育方式不谋而合，也论证了善用新媒体加强和改进高校思政教育的可行性。

1. 开放性——与多元化的教育环境契合

新媒体依托各种先进的技术形成巨大的网络体系，它拥有大的信息容量、丰富的资源、快捷的传输和交互性强、广泛的覆盖面、多元的形式等特点，与以往任何一种传播技术和交流工具相比都是不同的。在新媒体世界中，微博、论坛、微信等新的信息传播平台，与传统媒体相比，具有其优势突出的多元性和开放性，为思政教育提供了强有力的载体。高校通过新媒体进行思政教育，以开放的教育理念，吸收古今中外优秀的文明成果，分析国内外新形势，借鉴国外思政教育的先进理念、成功经验、优秀成果，总结自身思政教育的不足，通过对比分析，形成适合当前大学生的教育内容和教育资源。借助新媒体传播优势，积极传播党和国家新思想、新理念、新政策。认清形势，想方设法积极应对教育环境的复杂局势，为思政教育创造和谐团结的环境，给予大学生舒适的学习生活条件。

2. 及时性——与时效性强的教育内容契合

在新媒体面前，教师不一定比学生更了解时政信息，因时间、教学任务、家庭负担等因素影响，教师对新媒体的了解有限，对信息的掌握不够及时。形成鲜明对比的是，大学生对新媒体充满兴趣，在兴趣的驱动下，更加熟悉新媒体。因此，接触的内容也多，速度也快。在教学过程中，思政教师必须充分发挥新媒体及时性的优势，结合新形势人才培养需要，将最新的知识、信息转换成教育内容。这样，才能够吸引学生的关注，使他们更加愿意接受思政教育内容。形成有趣、生动的氛围，摸索出师生间的默契，达到理想的思政教育效果。

3. 交互性——与自主性的教育手段契合

在新媒体平台上有海量的文字、图片、视频等，每个新媒体受众各取所需，根据自身需要选择不一样的内容。提升思想水平和综合素养是成功人士的必备技能，是有志之士的追求，大学生为了取得这样的效果，为今后事业的成功打牢地基，在这个程度上会容易自觉接受思政教育。信息传播交流的方向是双向的，可以使大学生接受思政教育，由被动到主动进行转变。思政教育过程中沉默不是金，而是需要双方沟通、交流，寻找到一种契合。达成默契之后，师生间的信任度也随之提升，有助于提高高校思政教育的效果和质量。出于面子和隐私的考虑，有的大学生不是很想和教师谈心交流，具有思想隐蔽性，这在高校比较普遍。即使是专业的心理教师，大学生也不愿意和他们交流，这成为思政教育的一大阻碍。而且高校学生规模大，思政教育任务重，思想教育队伍人手少。幸运的是。教师与学生之间有共同的新媒体平台，在微博、微信、QQ 上，师生之间至少建立了一种联系渠道，这为思政教育打开了一个窗口。大学生往往会在新媒体平台发布学习生活状态、吐露心声，思政教育工作者要：创新教育手段，拓展交流方式，时刻关注新媒体，寻找到有效的交流方式，了解学生的思想状态，主动与学生沟通，为学生答疑解惑。

4. 个体性——与针对性强的教育方式契合

新媒体有真实的一面，也有虚拟的一面，人们在交流中会隐藏个人的身份、职业、兴趣爱好等一些基本的个人信息。网络上的虚拟环境和虚拟人物能够缩短人与人之间心灵交流的距离，与现实生活中不同的是可以减少内心的隔阂。教育者与受教育者在虚拟环境中沟通，在隐蔽的世界里，受教育者有安全感，更愿意向教育者倾诉心声，表达得更彻底、全面。师生可以在新媒体平台上通过匿名的方式展开沟通交流，达到切实有效的沟通，获得真实的信息，使思政教育者准确把握受教育者的所思所想，掌握受教育者的信息动态。教师应及时以短信、论坛回帖、网络聊天等形式对学生加以关注和引导，有针对性地进行教育，这样既减少了在实践中摸索的时间，提高了工作效率，增强了工作效果，同时，也便于做好网络预警，防患于未然。

二、新媒体与高校思政教育的关系

（一）新媒体是改进高校思政教育方法的必然要求

新媒体内容丰富、视觉美感强、形式多样。在这样的情况下，教育工作者要主动而为，全面熟悉了解新媒体，充分、有效、具体地发挥新媒体的优势，用多种风格迥异、形式多样的教育方法占领阵地，吸引学生的关注和注意力，进而提升思政教育的针对性。

新媒体具有交互性特征，实现了师生的双向沟通，由原来的一味灌输给学生，变成思政教育过程中教师与学生共同参与，互为补充，共同促进一思政教育工作除了注重理论学习，更要注重实践培育，思政教育工作者要以受教育者为中心，根据受教育者学习生活动态，结合当前关注热点，有针对性地开展工作。除了教师在课堂上讲，也可以组织小组的形式学习，小组推荐一个人上讲台讲授内容。还可以围绕思政主题，发挥学生的创造性思维，积累身边好人好事素材，通过文字、图片、视频等方式进行展示，学生在实践中学习，有切身的感受，更能理解教育内容。还能活跃教学氛围，使教学生动有趣。还可以邀请专家学者来学校做讲座，面对面与学生交流，现场答疑解惑。

随着社会的发展变化，高校思政教育需要载体做出相应的调整、改变，在继承中国优秀传统文化的进程中，不断锐意进取、改革创新。弘扬社会主义核心价值观是高校思政教育的重要内容，除了心理咨询室，还需要开辟新的载体，利用新媒体为其服务。在微博、微信平台，精彩的文案配上精美的图片，如果条件允许，还可以加上视频，形成覆盖文字、图片、声音的多媒体画面，形式新颖，内容丰富，吸引学生的关注，让学生获得想要的信息。

大学生思维活跃，在思政教育过程中，教育工作者可以适当邀请学生加入思政教育某个过程，一起探讨如何有效开展思政教育，请学生谈谈对当前思政教育的感受，指出优势与不足，让学生参与思政教育的前期设计，提前知道思政教育方式在哪些地方需要改进，有助于问题的解决，尽快寻找出学生乐于接受的教育方式。

新媒体具有隐蔽性，且自由度更大，大学生喜欢在这样的平台描述自己的学习生活动态。在新媒体平台上可以尽情地表达、畅所欲言，根据自己的需要调整学习方式，可以选择新媒体平台随时随地获取想学的知识，正因为如此，越来越多大学生青睐新媒体学习平台。实际教学情况中，教师因教育工作，还有家庭事务繁忙，而学生因为上课时间或上课场所受限，这导致师生之间很难有机会畅所欲言、沟通有无。在新媒体平台上情况则大不相同，双方没有那么多限制因素，可以充分在空闲时间加强沟通交流、畅所欲言。利用新媒体开展高校思政教育对双方都是有益的，符合学生的学习生活实际、心理需求，而且也方便了教师，师生在轻松的氛围中交流，效果更佳。

在社会不断向前发展进程中，新媒体推动信息技术的更新，促进思想观念的转变，因其独特的优势，成功吸引了大学生的目光，对大学生的学习生活产生了深刻的影响。大学生接触新鲜事物快，更是新媒体运用的主力军，一直活跃在微博、微信等新媒体平台，无论是平时在校内，还是校外都是手机不离身。新媒体快捷、互动性强、信息量大，深受广大大学生喜爱，他们在新媒体平台阅读最新资讯。也爱分享自己的所思所想所悟，即便是一点空闲时间，也会发条微博、朋友圈。

既然认识到了新媒体会对大学生产生影响，就要正视问题，深入分析，高校思政教育要密切关注大学生的思想动态，通过新媒体了解大学生的学习生活状态，在改进教育方式的基础上丰富内容，贴合大学生的心态，提升思政教育效果，争取开花结果，取得一些成果。

（二）新媒体是完善高校思政教育内容的有力保障

汇编传统的高校思政教育的材料，需要花费大量的人力、物力、财力，并且教育内容的素材收集是狭窄的、单一的、冗长的，内容大多是陈旧的信息，就很难吸引大学生的关注，想要达到理想的教育目的更是难上加难。传统的思政教育的内容更受各种时空限制，如速度进程缓慢，工作效率极低，不能满足现阶段高校所提出的政治教育的要求。

新媒体是一个丰富的图书馆。它的开放性和便利功能使信息传输和交流变得方便有效，人们可以各取所需。教育工作者也可以利用新媒体选择思政教育材料，选择数据等。新媒体环境下，高校思政教育可以根据创意增添更多的内容，校园思政教育工作者应利用好新媒体的特殊性与时代信息提高学习效能和提升工作效率。

（三）新媒体是提升高校思政教育质量的有效载体

众所周知，教育载体是思政教育的重要一环，载体的选择在一定程度上受教育环境的影响。大学生在使用新媒体过程中，也受新媒体的影响，新媒体改变了他们的学习、生活、思想。大学生可以和往常一样在图书馆、教室阅读各种自己感兴趣的书籍，还可以通过远程网络教学在网上听课，从而获取更多知识。在不同的载体获取知识，体验不一样的感受，在体验中达到更好的学习效果，吸收更多知识，更好地运用于实际。

但是，也应清醒地认识到网络存在信息传播上的弊端。当互联网为高校学生提供一种新的获取知识的平台时，因为网络信息的复杂性，也冲击了传统的思政教育载体。时代发展瞬息万变，在这种形势下，要跟上节奏，高校学生的思政教育工作就必须与时俱进，在向前发展进程中，不停地创新方式方法。使之更贴近大学生的学习实际与身心发展需要。只有这样，才能确保实效性，保证教育质量。

首先，要拓展高校思政教育的时空性。思政课堂教学、辅导报告、"一对一"交流，这是传统的思政教育采用的方式，实践表明，这些形式发挥了作用，取得了一些成效，但是，也存在着很多不足的方面。第一，传统的思政教育受时空因素限制大，这也就导致绝大多数时候只能是师生面对面的教育，基于此。很多想参与接受思政教育的学生却因为场所空间小、距离远等影响，被拒之门外，失去了学习的机会。第二，传统的思政教育形式单一、陈旧，讲座、课堂等教育教学方式很大程度上是教师对学生的灌输，学生在接受过程中处于被动状态，时间一久，大学生便因为枯燥乏味失去兴趣，这给调动学生学习积极性、思想积极性带来很大困难。第三，传统的高校思政教育属于灌输性的教育方式，高校学生处在被动接受教育的地位，这样的教育形式容易使高校学生产生逆反心理，更不用谈达到思政教育目的。借助新媒体，教育工作者能运用更灵活、更有效的方式开展思政教育，提升教育质量。相对而言，高校思政教育对时空没有特别严格的要求，加上新媒体的开放性等特征，高校思政教育工作者可以通过引导大学生用新媒体接受教育，达到预期效果。在方便学生接受教育的同时。也扩大了思政教育在学校的影响力，增强思政教育的关注度和吸引力。教育工作者借助视频、邮箱、QQ等，随时可以关注学生的学习生活动态。了解学生的思想，针对学生在新媒体平台出现的问题和困惑进行"一对一"有针对性的交流与答疑解惑。新媒体还有一个优势，就是它的隐蔽性、虚拟性，让自尊心强、自信不够的这部分学生避免害羞、尴尬，敢于说出心里的想法，更加有利于吸引学生参与到思政教育中。

其次，要增强高校思政教育的互动性。传统的思政教育以面对面的方式为主，尤其是讲课、座谈会等方式，在固定的空间、有限的时间内，部分教育工作者根据自己预先准备的讲稿或教材，向在场的同学讲述。至于现场有多少人、学生的主要想法是什么等基本情况，几乎不在乎。每个大学生都是单一的个体，每个大学生的性格、兴趣、思想、生活习惯都不同，这种一味地将思想灌输给大学生的思政教育方式，其效果自然好不到哪去，也无法保证教学质量。幸运的是，新媒体在很大程度上可以解决这些问题，为教师和学生之间提供轻松、有效的沟通交流渠道。加上新媒体的虚拟性特点，学生更愿意在新媒体平台表达自己的心声，告知学习生活状态，这给教育工作者提供了了解观察的便利，可以针对学生描述的动态，有针对性地制定解决方案，加强与学生的互动交流，提出建设性意见及可行性方法，切实为学生答疑解惑，疏解学生心中的困惑。

最后，要丰富和发展思政教育理论。众所周知，实践的发展离不开理论的创新，理论的创新紧接着促进实践进一步向前发展。新媒体环境下，世界瞬息万变，要想紧跟时代步伐，必须坚持与时俱进，必须加强思政教育理论的创新，这也是当前高校思政教育的重要任务：高校要集中精力，加大支持力度，组建专门队伍进行新媒体环境下思政教育理论的分析研究，丰富和发展思政教育理论，形成指导思政教育的研究成果，进而更好地指导开展思政教育。基于此，高校要研判当前形势，结合思政教育工作的实际情况，专门组织队伍进行相关内容的课题研究，有重点，突出关键。循序渐进，协调推进，特别是要加强对思政教育理念、载体、方法等方面的研究力度。还应加强对新媒体、思政教育两者关系的研究，分析两者的特征以及依托新媒体开展高校思政教育的可行性和必要性，归纳总结出优势和不足，为思政教育路径选择提供建议。高校要研判形势，加强对新形势下思政教育质量的研究，通过分析比较，明确做得不到位的地方，为今后思政教育提供借鉴。还应逐步创新发展新媒体环境下思政教育的理论体系，增强对实践的指导作用。

（四）新媒体是增强高校思政教育实效性的重要支撑

随着思想解放的深入和社会改革的迅速推进，网络技术的发展，客观上要求思政教育运用新的方法来实现其目的，高校的思政教育呈现出多样、复杂化等特点，高校大学生的思想意识也呈现出多元化的趋势，这些都对高校思政教育的客观环境以及对象特点进行了改变，进而对思政教育提出了新的要求。

新媒体有存储、传播等功能特性，这与思政教育传播、接收信息的过程具有一致性。另外，新媒体可以把教育者以及受教育者连接起来，使他们通过新媒体进行交流沟通，信息传播过程同样是这种思政教育方式的基础。同时，新媒体本身开放性、平等性、及时性等特点，这有利于思政教育的信息传播和教育者、受教育者双方的互动。因此，通过研究如何充分利用新媒体的传播特性来开展思政教育，将有助于提高大学生思政教育的时效性。

第二节 新媒体环境下加强高校思政教育的对策

一、转变新媒体环境下高校思政教育的育人理念

（一）树立全面发展的新媒体育人理念

马克思主义认为，人的意识产生于人们在实践中的交往需要，是在实践活动中产生的。理念先行，行稳则致远；理念滞留，远近交困。新媒体以迅雷不及掩耳之势向前发

展更新,对思政教育工作理念而言无疑有着很大的冲击。思政教育更新换代,迫切需要树立新媒体育人理念,促进新媒体为高校思政教育服务,成为其得力助手。

新媒体对社会产生影响,同时也波及高校,在思政教育中,必须关注它带来的各方面转变。显而易见,高校思政教育工作者清晰地认识到了这一点,但作为新媒体使用者的一员,迷惑于其功能的新颖、有趣,对于新媒体对思政教育的双面影响缺乏深入足够的了解和分析,在其零散的认知体系中尚未形成完整的理念体系,急需充分认识新媒体积极影响的一面,规避其消极影响的不良作用,因此需要树立新媒体育人理念。可尝试从以下两方面着手。

一是利用新媒体的优势加强高校思政教育。新媒体对高校思政教育的影响有两方面,一面是正面积极的,一面是负面消极的。新媒体作为社会发展的产物,一定程度上对社会发展起到了重要的促进作用,对于高校思政教育也一样。要主动去了解熟知新媒体的特性,寻找到新媒体与思政教育的契合点,发挥新媒体的便捷性、开放性、交互性等优势,为思政教育服务,提升其实效性、针对性,促进思政教育的效果提升。

二是规避新媒体的劣势带来的消极影响。在社会大熔炉中,新媒体受环境的影响,会被不良分子利用,从而生成劣势。依托新媒体加强高校思政教育的出发点是好的,但在过程中难免会有曲折,会受新媒体的劣势影响,对高校思政教育带来冲击,给思政教育环境、空间、手段带来挑战。因此,要对新媒体的劣势相当了解,进行调查研究,充分分析,并评估其利害程度,提出应对措施,规避风险,达到预期的思政教育效果。

(二)培养思政教育队伍的新媒体育人理念

高校思政教育队伍需要动员全校政治素养过硬、专业技能扎实的人员,包括两支队伍:一是思政教育工作者,他们有扎实的学生管理经验;二是政治素养过硬的学生骨干队伍,他们来自学生一线,又比普通学生更优秀,能起到带头作用。

思政教育工作队伍是加强和改进大学生思政教育的组织保证。新形势下。高校思政教育工作者除了具备思政教育基本素质、方式、手段,还需要懂得怎样利用新媒体促进思政教育开展,让思政教育更加行之有效,更有实效性,达到效果。

随着新媒体的广泛应用。高校纷纷开通官方微信、微博等新媒体平台,并成立了运用及管理新媒体的学生团队。新媒体学生团队掌握着新媒体技术和平台,也是内容的把关人、信息的传播者。思政教育工作者除了是新媒体的使用者,还要有懂新媒体技术的成员的加入,携手管理新媒体平台,优化新媒体环境。在一定程度上,这支新媒体学生团队就是一支中坚力量,是抵制不良信息的坚定者,也是依托新媒体开展思政教育的率先接受者,如果学生团队接受思政教育的内容,达到了事半功倍的效果,则意味着思政教育有效果。新媒体学生团队都是由政治素养过硬、新媒体技术熟练、业务能力突出的学生组成的，自觉践行马克思主义新闻观，弘扬社会主义核心价值观，传播校园正能量。要发挥新媒体学生团队的榜样力量。形成人人关心新媒体、支持新媒体的氛围，人人都是维护新媒体环境的有责任担当的忠诚卫士。

（三）思政理论课教师要发挥新媒体的育人功能

在新媒体大背景下，根据教育对象的学习生活状态，围绕思政教学规律，坚持以人为本，应及时变革教育方法，丰富教学内容，让学生提升学习效果，学有所得。

一是挖掘教学资源，改革教学资源形态。在课堂教学中，注重互动教学，以问题导入，启发学生思维；在教学互动、研讨中碰到的难点为生成性问题，将问题进行梳理，在课后进行研究，将课堂内容引申到课堂之外，让学生充分把握课外时间和学习机会。课堂时间短，在课堂之外，应时刻关注思政教育动态，尤其是新媒体平台中有关思政教育的内容，将其汇总成教学资源。

二是开展开放性教学，改革教学组织形式。随着信息技术的更新，慕课、公开课等教学方式孕育而生，新媒体环境下，可以将教学范围拓展到新媒体平台，在微博、微信等中设置相关栏目，开通留言互动功能，与学生实时互动，解决学生遇到的学习困惑。这就打破了时空限制，使教学时间有效延伸，师生之间随时可以根据需要互动交流，形成线上线下教学相互补充。

三是注重绩效检验，改革教学评价方式。新媒体具有交互性、隐蔽性等特点，通过拓展新媒体平台教学，教师可以在新媒体平台上看到学生的反馈，从而改革教学评价方式，促进教学针对性和效果。

（四）提高大学生接受思政教育的自觉性

大学生自觉发挥学习主动性，促进提升创造性，是高校思政教育的重要目标之一。作为受教育者，在高校思政教育过程中，要充分尊重大学生的主体性，帮助其正确认识自己，培养高尚品德，培养主动学习的习惯，使大学生愿意接受思政教育，敢于接受思政教育，自觉接受思政教育。

大学期间正是学生人格塑造、兴趣爱好、行为认知等形成的重要阶段，在成长成才路途中，大学生需要面临诸多选择。一旦大学生做出了正确的选择，高校思政教育就要充分尊重学生的选择，了解学生有哪些需求，有哪些困惑，针对学生的个体差异，为学生的成长因材施教，量身定制培养方式、培养方案，创造适合学生成长的环境。

习惯是养成的，也是可以培养的，处于青春期的大学生难免有不好的习惯，在高校思政教育中，要结合大学生的发展需要，监督大学生树立好习惯，激发大学生的学习欲望，养成自觉学习的习惯，使大学生主动学习，真正成为受教育的主人。

自主是大学生成长成才的主要品质，大学生的首要任务是学习，只有自主学习，才有动力，才能提升学习效率。教育工作者要多与学生接触，研究学生的学习效果和生活环境，了解学生的所思所想，改变教育方式和手段，形成适合学生的教育模式，促使大学生充分发挥自主性，自觉学习，参与实践。

在国家大力倡导创新的大环境下，创造力显得尤为重要，创造力是个人成长成才的重要资源。教育工作者要时刻关注世界最新变化，结合学生关注的领域，合理设计教学活动，拓展学生思维，激发学生创造力，在思维的撞击中产生新的火花。

二、完善新媒体环境下高校思政教育的内容

（一）加强社会主义核心价值观

理想信念教育是高校教育的重要内容，高校在立德树人方面，必须弘扬社会主义核心价值观主旋律，用社会主义核心价值观引导大学生树立正确的世界观、人生观、价值观，让青年学生有理想、有道德、有抱负、有志向，甘愿报效国家，奉献社会。

一是用社会主义核心价值观贯穿人才培养各环节。将理论学习、校园活动和社会实践等方式，贯穿学生入校到毕业的人才培养全过程各个环节，加强思政教育针对性，提升学生学习水平，增强学生思想道德素养，全过程地培养学生成为德才兼备、具有创新创造能力的优秀人才。

二是用社会主义核心价值观贯穿校园文化建设。社会主义核心价值观分为国家、社会、个人三个层次，融合个人梦与中国梦，把社会主义核心价值观与大学教育理念、大学精神、校园文化相结合，通过主题班会、校园文化活动，使社会主义核心价值观的践行路径更加生动、形象，使大学生在爱国敬业、其乐融融的和谐氛围中接受熏陶，在无形中自觉接受爱国主义教育、理想信念教育。

三是用社会主义核心价值观贯穿师德师风建设。教育工作者是践行社会主义核心价值观的重要实施者，其自身的思想品质显得尤其重要。教育工作者可通过图片、宣传画、视频等方式制作社会主义核心价值观的宣传内容，再通过新媒体发布，在这个过程中，教育工作者也接受了教育，严格约束自己，同时在开展思政教育过程中，也更有说服力，现身说法，让学生更容易接受。

（二）加强媒介素养教育

媒介素养在新媒体时代已经成为社会成员应该具备的基本素养。作为高校思政教育的传播者，教育工作者也需要提升媒介素养，从而帮助提升业务能力和塑造传播者的形

象。教育工作者要主动学习媒介知识，使用媒介载体，学会如何从传播媒介中获取有效信息，培养认识媒介和媒介信息的能力，换句话说，就是要具备对媒介信息、媒介组织的批判质疑和分析评价的能力。

大学生正处于世界观、人生观、价值观逐步成熟的时期，是引导其养成良好的媒介素养、正确对待复杂多变的媒体信息的最好时期。首先，在大学教育中加入媒介素养教育课程，使学生了解媒介环境，积极主动地成为自觉使用新媒体的传播者。其次，加强与社会媒体的联系，邀请社会知名媒体的知名记者来校做讲座，讲解新媒体的新形势、优势、发展现状和趋势，通过知名记者的现身说法，让学生对媒介有更加直观的认识。最后，让学生参与高校官方微博、微信等新媒体的运营管理，实践是最好的学习方式，学生通过运用及管理新媒体，第一时间知道其中遇到的困难与问题，第一时间学会操作新媒体，并了解用户对其内容的喜爱程度。

（三）突出网络道德教育

道德能帮助人类社会升到更高的水平，使人类社会摆脱劳动剥削。在当前新媒体传播的环境下，道德的重要性无须多言。道德不同于法制也不同于强制规范，道德的核心魅力在于自发的约束力，一个道德高尚的人往往会遵守法律法规，无须其他干预或任何的提醒，便会远离社会的落后陋习以及被人所不齿的种种行为。良好的道德通常是个人价值实现的基础，良好的道德催人奋进，也能令人更好地直面挫折。

（四）丰富校园文化建设内涵

高校思政教育要以校园文化的构建为依托，深入挖掘校园文化的物质内涵、精神内涵、制度内涵，全力打造全方位、多角度、宽层次的立体式校园文化体系，充分利用好新媒体技术的传播特点，积极倡导社会主义核心价值观，激发社会正能量，形成以思政教育内容为基本载体、新媒体技术为传播手段、学生喜闻乐见为目标的思想教育形式。丰富校园文化建设内涵，应做到以下几点。

第一，深入挖掘物质内涵建设。通过建造校史博物馆、展览校史图片展、拍摄校史宣传片、邀请校友回校、举行校园开放日等多种形式，打造校园文化的物质载体，以物质载体为依托与核心，提升校园文化的品牌影响力、实效力。

第二，全力提升精神内涵实质。精神内涵是校园文化活的灵魂，其内涵的实质是每一个人的思想意识的归属，而这正是思政教育所占领的阵地，通过新媒体技术，传神地展示校园文化的精神文化内涵，使得每一个人都产生强烈的归属感。

第三，完善构建制度内涵体系。制度的构建是校园文化的有效载体，通过制定校园网络宣传制度、校园思政教育制度等相关制度，形成以制度内涵为保障、物质内涵为依托、精神内涵为灵魂的校园文化建设体系。

三、完善高校网络思想政治教育体系

高校网络思政体系的完善需要建立较为丰富的理论支撑，用合理的指导思想等为高校网络思政体系的完善指引方向，在明确目标、确定原则的基础上，提出完善高校网络思政的主要内容和具体措施。在这个体系的完善过程中，不能简单地将思政的有关理论移植到网络思政中，要不断结合网络思政的实践经验，总结出较为科学的理论，在今后的工作中继续实践。

（一）完善高校网络思想政治教育体系的基本要求

1. 科学性的要求

高校网络思政教育体系的完善要贴合科学性的要求。第一，要符合科学发展观的本质，用以人为本、全面、协调发展的观点指导高校网络思政教育体系的完善。对高校思政教育在网络新媒体背景下的变化和发展进行分析和归纳，逐渐摸索出一套网络思政教育适用的基本理论；第二，高校网络思政教育体系是要参考和总结高校思政教育发展规律和网络思政教育规律，并通过网络思政的实践不断总结经验，再上升到高度概括和理论化的体系；第三，高校网络思政教育体系的完善要充分了解网络的本质，正确认识网络为思政教育利用的可能性。

2. 适应性的要求

高校网络思政教育体系的完善要符合适应性的要求。第一，必须适应高校网络思政教育的队伍现状和特点。网络思政教育体系的实效性，与使用这一套理论的教育者所具备的综合素质是分不开的；第二，高校网络思政教育体系要适应大学生的心理和思想发展特点和规律，大学生体现在网络虚拟世界和现实世界中的思想和心理世界是复杂多变并且有很大的区别，这就决定了高校网络思政教育要适应其综合多变的要求。

3. 多样性的要求

高校网络思政教育的完善还要符合多样性的要求。第一，网络思政教育体系的完善要综合考虑网络载体的多样性，要结合网络媒体的综合特点，分析利弊，将其中的有利因素加以升华利用；第二，高校网络思政治教育的多样性，还在于网络中蕴藏了广博的思政教育资料，如果将这些资料进行有效的整合与提升，能更好为高校网络思政教育服务；第三，影响大学生思想和行为的因素呈现多样化，所以网络思政教育也需要运用多样性的方式来解决大学生的各种问题。

(二)明确高校网络思想政治教育指导思想

1. 坚持学生为本

高校网络思政体系也应当深入贯彻和落实科学发展观。坚持以学生为本的指导思想，是科学发展观的核心思想在高校网络思政教育中的具体实践，坚持以学生为本，就是指要针对大学生的思想以及个性特点，因材施教，合理整合网络资源优势，积极拓展高校网络思政教育的广阔空间，打造高校网络思政教育新平台，通过专业化、系统化的教育，增强大学生的网络认知、辨别能力，树立正确的网络信息意识、网络道德意识，最终实现其全面的发展和完善。

一方面，要充分发挥学生的战略地位，加强双向互动，营造全新的网络思政教育氛围。教育者应经常运用自由思考、交流互动、积极讨论的教育方法，激发大学生群体的无限潜能和积极性，跟踪把握大学生的思想、行为动态，对他们进行正确以及有效的教育；另一方面，高校网络思政教育工作要充分满足学生思想、心理、生活等方面的需要，重视大学生的发展需求，要致力于解决学生的切身问题，切实的为学生服务。

2. 坚持与时俱进

坚持与时俱进，是指高校网络思政教育工作和研究要与实践相结合，注重创新，把握思想政治教育发展的新规律，加大投入，寻求多方支持，提高高校网络思政教育效果。高校网络思政工作的与时俱进，应当主要从以下三个方面着手：第一，利用网络新媒体，寻找新的工作切入点，提升服务效率。网络的技术的发展促进了网络新媒体的更新换代，如目前流行的微博，受到了广大学生的关注和追捧，合理的运用网络新媒体，可以有效的提升高校网络思政教育工作的效果；第二，抓住时代和话题热点，提升网络信息的观察力。高校网络思政教育工作者要积极主动地追踪网络热点和焦点，不断提高把握网络信息动态和与学生网上沟通交流的能力与技巧；第三，经常性地总结亮点，推进工作交流。要加强总结和着力推广高校网络思政教育的鲜活经验和优秀做法，如将优秀的辅导员QQ空间的做法和经验推出去，加强广大教育者的学习和交流，更好地结合自身的工作实际摸索出更成功的案例。

3. 坚持和谐发展

思想政治教育是解决思想问题的一项重要工作，是我国社会进步的精神支持，是为社会培养和输送合格人才的有力保障，这就要求其要与社会方方面面的综合、和谐发展相一致。高校网络思政教育作为思政教育当中的一个领域，思政教育本身也需要和谐发展，无论是理论体系建设，还是教育内容、工作途径等方面均需要和谐发展，这是高校网络思政工作能够顺利开展的重要支持，必须始终坚持以马克思主义原理为指导，在实践中运用科学的世界观和方法论。

高校网络思政教育应当坚持以马列主义等重要思想为指导，坚持以学生为本、坚持与时俱进、坚持和谐发展，紧密结合当前高校网络思政教育的实际情况，努力实现高校网络思政教育理论、内容、途径、机制等方面的全方位创新，坚持做到网络特色、遵循学生思想发展规律和满足学生现实需要三者相统一，借助网络信息平台加强教育引导，构建"网络培育人才"新舞台，通过网络传播主流文化、思想，大大增强高校网络思政教育的时代感和影响力，培养综合素质高的国家接班人。

（三）确立高校网络思想政治教育目标

1. 高校网络思想政治教育的基本目标

实现学生的全面、自由的发展是马克思关于人的发展学说的延伸，教育大学生成为对社会有用和社会需要的人才，是教育的最终目的，也是思政教育服务社会的良好体现。中国特色社会主义需要广大学生青年在不断的实践中共同缔造，祖国的未来离不开新一代青年学生的创新和延续。高校网络思政教育应该以促进大学生的全面以及充分的发展为基本目标，尊重大学生成长的规律和需要，帮助和支持大学生提高综合能力，开发大学生成长过程中的无限潜能，保护和培养大学生的创新精神。高校网络思政教育的内容和实施途径都应始终围绕大学生的成长成才这一目标，高校网络思政教育工作的开展要充分结合大学生这一特殊群体的特点，服务大学生学习、生活、个人发展等方面的需求，探索适应大学生自我实现和社会需要融会贯通的教育新模式。

2. 高校网络思想政治教育的根本目标

我国所坚持的高等教育的根本目标是推动人的全面发展，培养时代新人，为社会现代化建设贡献力量。我国的未来发展要求我们不断地创新教育手段，培养出高素质的新时代人才，大学生思政教育是培养新时期人才不可或缺的一部分。中华民族的复兴是我们共同拥有的"中国梦"，这与高校网络思政工作的根本目标以及我国的教育目标是一致的。因此，我们可以将高校网络思政教育的根本目标概括为：以促进我国现代化建设为宗旨，运用网络的时代特征，在不断完善高校网络思想政治教育平台的基础上，用科学社会主义理论、科学发展观等原理，教育和引导学生，培养他们成为社会新人，让他们成为"中国梦"的缔造者和实施者。

参考文献

[1] 黄丽娟. 新时代高校思政教育理论与实践创新发展研究[M]. 长春：吉林大学出版社，2023.01.

[2] 孙小博. 高教视界课程思政与高校思想政治教育的整合与互动研究[M]. 北京：北京教育出版社，2023.03.

[3] 崔玉娟. 新时期高校思想政治教育教学与反思研究[M]. 长春：吉林大学出版社，2023.01.

[4] 劳家仁. 新时期思想政治的理论与实践探究[M]. 长春：吉林大学出版社，2023.01.

[5] 丁立磊，李紫烨，刘一尘. 高校思想政治理论课教学模式研究基于专题任务驱动[M]. 北京：九州出版社，2023.01.

[6] 任金晶. 新时期高校思政课程理论与实践探索[M]. 长春：吉林大学出版社，2022.05.

[7] 付超，庞晓东，梁晓倩. 课程思政教育理念引领下的高校体育教学改革与实践探索研究[M]. 天津：天津社会科学院出版社，2022.05.

[8] 王诗渊. 高校课程思政与思政课程协同育人问题研究[M]. 贵阳：贵州大学出版社，2022.06.

[9] 杨小岑. 高校思想政治教育工作创新实践[M]. 沈阳：辽宁人民出版社，2022.11.

[10] 王子蕲. 高校思想政治工作日常教育体系研究[M]. 天津出版传媒集团；天津：天津人民出版社，2022.09.

[11] 陈丽萍. 新时代高校思想政治理论课教学改革研究[M]. 湘潭：湘潭大学出版社，2022.01.

[12] 冯刚. 思想政治教育研究热点年度发布2021[M]. 北京：团结出版社，2022.03.

[13] 张录平，付红梅. 大学生思想政治理论课实践教程[M]. 沈阳：辽宁人民出版社，2022.09.

[14] 陈玉书，刘素芳，王宁初．高校思想政治理论课学习与实践指导［M］．北京：中国言实出版社，2019.10.

[15] 刘泾．高校思想政治教育中的规则意识培育［M］．上海：上海人民出版社，2017.12.

[16] 黄刚，冯秀军．北京高校思想政治理论论教育教学改革的实践与探索［M］．北京：北京交通大学出版社，2015.07.

[17] 刘希平．新实践新视野新理念浙江省教育厅机关2012-2013年度优秀调研报告集［M］．杭州：浙江教育出版社，2015.02.

[18] 徐红．大学生思政工作论文集高职学生工作探索与创新2013年卷［M］．北京：航空工业出版社，2014.10.

[19] 范福强．高校思政教育与大学生择业的研究［M］．延吉：延边大学出版社，2022.03.

[20] 寇进．全媒体环境下高校思政教育创新研究［M］．延吉：延边大学出版社，2022.03.

[21] 李娟．全媒体环境下高校思政教育改革创新研究［M］．北京：北京工业大学出版社，2020.07.

[22] 秦艳姣．全媒体环境下高校思政教育新探索［M］．北京：北京工业大学出版社，2020.07.

[23] 潘子松．创新创业教育与高校思政教育的融合研究［M］．北京：北京工业大学出版社，2020.06.

[24] 刘珺，彭艳娟，张立军．社会主义核心价值观与高校思政教育工作理论创新研究［M］．北京：新华出版社，2022.07.

[25] 陈旭，刘宁宁，杨若琳．高校思政教育工作理论创新研究［M］．北京：线装书局，2023.05.

[26] 张雪霞，李娟，崔冬雪．网络时代高校思政教育教学创新实践探索［M］．北京：中国纺织出版社，2023.04.

[27] 黄泰岩．新时代高校思政教育理论与实践［M］．北京：社会科学文献出版社，2020.01.

[28] 许霞．高校思政教育教学实效性研究［M］．西安：陕西旅游出版社，2020.09.

[29] 张媛聆．新媒体时代高校思政教育研究［M］．成都：四川大学出版社，2020.07.

[30] 李风啸. 新时代数字化与高校思政教育的深度融合 [M]. 北京：中国纺织出版社，2022.10.

[31] 向宜. 新媒体环境下高校思政教育 [M]. 沈阳：辽海出版社，2019.01.

[32] 余晓宏. 传统文化与高校思政教育探索 [M]. 哈尔滨：黑龙江人民出版社，2019.02.

[33] 陈安琪. 寓生态文明于高校思政教育的创新研究 [M]. 北京：北京工业大学出版社，2020.06.